LA

COQUETTE FIXÉE,

COMEDIE

EN TROIS ACTES EN VERS.

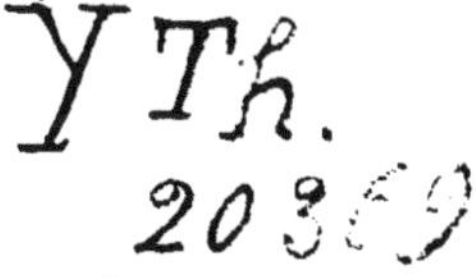

LA
COQUETTE FIXÉE,
COMEDIE
EN TROIS ACTES EN VERS,

Avec un Divertissement.

Représentée pour la premiere fois par les Comédiens Italiens Ordinaires du Roy, le Jeudi dix Mars 1746.

Le prix est de trente sols.

A PARIS,

Chez JACQUES CLOUSIER, rue Saint Jacques, à l'Ecu de France.

M. DCC. XLVI.

Avec Approbation & Privilége du Roy.

ACTEURS.

LA COMTESSE,	*Mlle Silvia.*
CIDALISE,	*Mlle Riccoboni.*
DORANTE,	*M. Riccoboni.*
CLITANDRE,	*M. Rochard.*
DAMIS, petit Maître,	*M. Baletti, fils.*
CARMIN, Peintre,	*M. Dehesse.*
LISETTE, Femme de Chambre de la Comtesse,	*Mlle Dehesse.*

La Scene se passe dans la maison de Cidalise, dont la Comtesse occupe une partie.

LA COQUETTE FIXÉE COMEDIE.

ACTE PREMIER.

SCENE PREMIERE.

DORANTE, CLITANDRE.

CLITANDRE.

UOI, Dorante déja revenu de la Cour?
Vous y deviez, je crois, faire un plus long séjour?

DORANTE.

Non, pendant quelques jours une importante affaire
M'éloignoit de Paris; mais à la fin j'espere

Voir les soins que j'ai pris finir heureusement.

CLITANDRE.

L'objet de ce voyage étoit un Régiment.

DORANTE.

Oui, depuis fort longtems je suis dans le service,
Et je crois que bientôt on me rendra justice,
Vous sçavez que je suis d'un rang à mériter,
Qu'à ce grade nouveau l'on me fasse monter.

CLITANDRE.

Mais vous avez là-bas des concurrens sans doute :
Si vous ne mettez point d'obstacles sur leur route
Peut-être.....

DORANTE.

A leur égard je ne sens nul effroi,
Une tante que j'ai sollicite pour moi.
L'argent est aujourd'hui tout ce qui m'embarasse ;
Pour en pouvoir trouver que faut-il que je fasse ?

CLITANDRE.

C'est un autre sujet qui fait votre embarras,
Et lui seul vers Paris précipite vos pas.
Notre amitié demande une entiére franchise,
Vous aimez la Comtesse, & j'aime Cidalise,
Ces deux Beautés logeant dans la même maison,
Nous attirent ici pour la même raison.

DORANTE.

Clitandre, si l'amour nous conduit l'un & l'autre,
Mon sort sera du moins bien différent du vôtre.

Vous aimez une prude, & vous l'attendrirez,
Moi, j'aime une Coquette.....

CLITANDRE.

Et vous la fixerez.

DORANTE.

Non, non, pour l'espérer je me rends trop justice.
Je ne sçais point pour plaire employer l'artifice.
La Comtesse possède un art si dangereux;
Ses dédains sont fardés par un air gracieux,
Elle sçait déguiser la froideur de son âme,
Autant que je voudrois lui déguiser ma flâme;
Ses regards de concert avec le sentiment,
Font naître mon espoir pour causer mon tourment.
Chez elle, du même œil, elle voit, elle attire,
L'homme qui fait bâiller & l'homme qui fait rire.
C'est un monde formé de vingt originaux
De naissance, d'état & d'esprit inégaux,
Qu'un chimérique espoir force de vivre ensemble,
Que le mépris divise & que l'erreur rassemble.
La Comtesse qui cherche à se les maintenir,
Par leur peu de mérite a soin de les unir,
En secret, à chacun orgueilleux & crédule,
De tous en général offre le ridicule,
Etablit la concorde entre tous ces Rivaux,
Et les enchaîne entr'eux par leurs propres défauts.

CLITANDRE.

Grands Dieux! que Cidalise est différente d'elle!

DORANTE.

Des prudes, Cidaliſe eſt le parfait modéle ;
Vous en triompherez bien plus facilement ;
L'amour-propre flatté tient lieu de ſentiment.

CLITANDRE.

Mon ami, Cidaliſe eſt bien loin d'être prude.
J'ai fait de ſon eſprit ma principale étude ;
J'ai vû que ſa fierté n'étoit qu'un vrai détour.
Elle craint un amant & panche vers l'Amour ;
Elle croît qu'une femme aimable & vertueuſe ;
Sans le reſpect public ne ſçauroit être heureuſe ;
Et qu'au préjugé même exacte à s'aſſervir,
Pour le pouvoir blâmer s'y doit aſſujetir.
Voilà le vrai motif de ſa prudence extrême ;
Elle a le cœur ſenſible & ſe craint elle-même ;
Plus un homme à ſes yeux mérite d'être aimé ;
Plus la froideur ſuccede au penchant réprimé,
Et cet air dédaigneux qui paroît vous ſurprendre ;
Vient d'un eſprit timide & d'une ame trop tendre.

DORANTE.

C'eſt faire ſon éloge en homme prévenu.

CLITANDRE.

Ah ! Dorante, mon cœur ne vous eſt pas connu.
Je vous cede le ſien, ſi vous pouvez lui plaire ;
Elle conviendroit mieux à votre caractére,
Car la Comteſſe & vous différez trop tous deux ;
L'un & l'autre jamais vous ne ſeriez heureux.

DORANTE.

DORANTE.

Cidaliſe a bien peu d'empire ſur votre âme.

CLITANDRE.

Ce n'eſt qu'en plaiſantant qu'elle reçoit ma flâme;
Dès que nous ſommes ſeuls, & qu'elle m'entretient,
Sa fierté diſparoît & ſa gaieté revient,
Elle eſt ſûre avec moi de ſon indépendance.
Cette ſécurité me rebute & m'offenſe,
Vangez-moi, que ſon cœur puiſſe être humilié;
Vous n'offenſerez point les loix de l'amitié.

DORANTE.

Mon ami, je ne veux plaire qu'à la Comteſſe,
Mais ſon eſprit volage eſt loin de la tendreſſe.

CLITANDRE.

Comment! d'aucun eſpoir on ne flatte vos feux?

DORANTE.

Je lui laiſſe ignorer que j'en ſuis amoureux.

CLITANRRE.

Mais c'eſt un reſte au moins de l'homme raiſonnable,
Et je ne vous crois pas tout-à-fait incurable.

DORANTE.

Je la vois ſeulement en qualité d'ami.

CLITANDRE.

En qualité d'ami, dites-vous Dorante?

DORANTE.

Oui,

De ceux de son mari j'étois le plus intime,
Je puis même assurer que j'avois son estime.

CLITANDRE.

Mais, c'est près de la femme un titre assez mauvais.

DORANTE.

Comme vous croyez bien je ne m'en sers jamais.
Je n'avois avec elle aucune intelligence,
La mort de mon ami forma la connoissance,
Car de son testament je fus exécuteur.
La Comtesse eut pour lui toujours de la hauteur.
Je la vis très-souvent & lui rendis service,
Mais avec un air froid comme rendant justice;
Son esprit m'enchanta bien plus que sa beauté.
J'appris qu'elle vantoit partout ma probité,
Et par une faveur des plus particulieres,
J'ai quelquefois le droit de lui parler d'affaires.

CLITANDRE.

Le cœur de cette femme est bien reconnoissant.

DORANTE.

Je ne puis plus cacher ce que le mien ressent,
Et je viens, puisqu'il faut parler avec franchise,
Lui déclarer le feu dont mon ame est éprise.
Oui, je touche au moment....

CLITANDRE.

De passer pour un sot.

DORANTE.

Mais....

CLITANDRE.

Il faut en l'aimant, loin d'en dire un ſeul mot,
Soutenir qu'un amant eſt un homme en délire,
Dédaigner ſes attraits, ſe taire ou contredire,
Répondre avec froideur à l'accueil le plus doux,
Voir tous ſes complaiſans ſans paroître jaloux,
Vanter votre bonheur ou votre indifférence,
Toujours prêter matiere à ſon impatience,
Vous faire quereller ſans vous en allarmer,
(Coquette qui querelle eſt ſur le point d'aimer).
Mais ſi vous n'avez pas ſur vous aſſez d'empire,
Pour lui bien déguiſer ce qu'elle vous inſpire.
De toutes ſes hauteurs vous deviendrez l'objet,
De vos fades Rivaux vous ſerez le jouet,
L'eſtime dont on voit que chacun vous honore,
Sera pour des mépris un nouveau titre encore,
C'eſt pour une Coquette un point de vanité,
Et le plus eſtimable eſt le plus maltraité.

DORANTE.

Oui, vous m'ouvrez les yeux, je prendrai ſur moi-
même,
Je vais avec grand ſoin lui cacher que je l'ai-
me;
Par exemple elle m'a prié de m'arranger
Pour dîner avec elle.

CLITANDRE.

Il faut vous dégager.

DORANTE.

C'est mon intention, mais il faut un prétexte.

CLITANDRE.

Ah, vous vous écartez déja de votre texte,
Il faut pour la piquer dire légerement,
Que vous ne le pouvez, point d'éclaircissement.

DORANTE.

Le conseil est fort bon, & je vais...mais je pense...

CLITANDRE.

Eh, quoi, voyons?

DORANTE.

Qu'il est mal que je me dispense...

CLITANDRE.

Dequoi? d'être une dupe?

DORANTE.

Oh, non, mais j'ai donné
Ma parole d'honneur.

CLITANDRE.

On a déterminé
Qu'on peut, lorsqu'il s'agit d'un sujet si frivole,
Sans aucun deshonneur manquer à sa parole.

DORANTE.

Oui, je me détermine à lui désobéïr.

CLITANDRE.

Ah! je suis satisfait.

DORANTE.

Même, je veux la fuir.

CLITANDRE.

Bon.

DORANTE.

Il ſeroit honteux qu'un homme raiſonnable.
Ne pût pas triompher d'un ſentiment ſemblable.
Oui, j'en triompherai, je ſuis ſûr de mon fait,
Et tout ce que je veux...

CLITANDRE.

Eh bien?

DORANTE.

C'eſt ſon portrai .

CLITANDRE.

Pour vous déterminer à preſſer votre fuite?

DORANTE.

Fort bien, vous plaiſantez, vous blâmez ma conduite.

CLITANDRE.

Je le permets, pourvû qu'elle n'en ſçache rien.

DORANTE.

Oh, vous avez raiſon, vraiment j'y compte bien.
J'attends un Peintre ici, qu'on dit un homme unique,
Il doit avoir l'habit d'un ſimple domeſtique,
Et s'il trouve un moment, il prétend qu'il pourra
Faire un portrait paſſable, & qui reſſemblera

CLITANDRE.

Il ſera reconnu.

DORANTE.

Non, c'eſt ce qui m'étonne ;
Il dit qu'il ne ſera découvert de perſonne.

CLITANDRE.

L'entrepriſe vous plaît, il la faut hazarder,
Mais, ſurtout, revenez me trouver ſans tarder,
Je veux abſolument que nous dînions enſemble.

DORANTE.

Oui, je vous le promets, ſoyez-en ſûr.

CLITANDRE.

Je tremble
Que la Comteſſe n'ait ſur vous trop d'aſcendant,
Et ne découvre enfin votre amour imprudent.

DORANTE.

Non, je ſuis aſſuré de paroître inſenſible.

CLITANDRE.

C'eſt pour vous faire aimer un moyen infaillible.
Deux eſprits oppoſés ont ſçû nous engager,
Ce n'eſt que par l'Amour qu'on peut les corriger.

SCENE II.

DORANTE, *ſeul.*

L'Orgueil de la Comteſſe aura quelques allarmes
En croyant que j'échappe au pouvoir de ſes charmes,
Clitandre à bien raiſon, il faut diſſimuler.

SCENE III.

LISETTE, DORANTE.

LISETTE.

MOnſieur, un de vos gens demande à vous parler.

DORANTE.

Qu'on le faſſe venir, *bas.* c'eſt mon homme, *haut.* Liſette,
Dis, que fait ta maîtreſſe ?

LISETTE.

Elle eſt à ſa toilette.

DORANTE.

A-t-elle ce matin beaucoup de Favoris ?

LISETTE.

Non, ce vieil Officier, Poliſandre & Damis.

DORANTE.

Quels Courtiſans !

LISETTE.

Pour eux, Madame eſt bien changée.

DORANTE.

Oui ?

LISETTE.

Dans la rêverie elle eſt toujours plongée,
Elle n'applaudit plus à ce que chacun dit,

Elle est bien moins coquette, on lui gâte l'esprit.

DORANTE.

A qui s'en prendre ?

LISETTE.

A vous. Elle est dans l'indolence,
Depuis qu'elle a l'honneur de votre connoissance,
Depuis que dans ces lieux vous êtes introduit,
Le raisonnement gagne, & le plaisir s'enfuit.
D'Amoureux & de Sots la maison étoit pleine,
Nous sçavions les bercer d'une espérance vaine;
On rioit avec eux, d'abord qu'ils se flattoient,
On s'en divertissoit quand ils se rebutoient,
Sans avoir rien à dire on rompoit le silence,
L'ennui disparoissoit devant l'extravagance:
Depuis qu'on vous connoît, on raisonne, on médit,
On disserte, on se fâche, on baille, on contredit.
Sur le choix des amis, Madame a des scrupules;
L'amusement s'envole avec les ridicules,
Elle trouve mauvais tout ce que je lui dis,
Elle gronde, soupire, & moi je vous maudis.
Eh mais... il est vraiment inutile de rire,
Voilà votre homme, il a quelque chose à vous dire.

SCENE

SCENE IV.

CARMIN, *en habit de livrée*, DORANTE.

DORANTE.

Mon cher Monsieur Carmin, vous voilà tout au mieux,
Et cet habillement trompera tous les yeux;
Notre beauté, peut-être, ici viendra se rendre.

CARMIN.

Caché dans ce coin-là, j'aurai soin de l'attendre;
Et d'avance, je vais préparer mes couleurs.

DORANTE.

Et vous esperez faire un portrait!

CARMIN.

Des meilleurs;
Je ne veux point, Monsieur, vous faire mon éloge,
Mais hier, vis-à-vis une petite loge,
Je fis un bon portrait....

DORANTE.

Quoi, pendant l'Opera?

CARMIN.

Eh, oui, je ne veux pas plus de tems pour cela,
Que celui que souvent demande un Petit-Maître,
Pour vaincre une beauté qu'il comence à connoître.

DORANTE.

C'eſt avoir un talent marqué pour les portraits.

CARMIN.

Celle que vous aimez a-t-elle de grands traits?

DORANTE.

Aſſez.

CARMIN.

À la tirer j'en aurai moins de peine:
Ah! que j'aurois bien peint une Dame Romaine,
J'aurois, du tems d'Auguſte, eu beaucoup de crédit.
Dites-moi, je vous prie, a-t-elle de l'eſprit?

DORANTE.

Beaucoup.

CARMIN.

Tant-pis.

DORANTE.

Comment?

CARMIN.

C'eſt-là ce qui m'arrête,
J'aurois bien déſiré qu'elle fût un peu bête.

DORANTE.

Un ſemblable ſouhait me paroît curieux.

CARMIN.

Vous l'en aimeriez moins, mais je l'en peindrois mieux.
On ne rend jamais bien la phiſionomie,
L'eſprit à chaque inſtant, la change & la varie,

Et le Peintre étonné saisissant le pinceau,
Retrouve à chaque trait un visage nouveau.
Parlez-moi d'un objet modéle d'indolence,
De qui l'ame & les yeux sont sans correspondance,
Et dont l'esprit n'a pas la force d'émouvoir,
Des traits plus réguliers que gracieux à voir.
Si l'objet de vos feux étoit de cette espece,
Il est vrai, vous seriez assez mal en maîtresse,
Mais aussi vous seriez tout au mieux en portrait,
Et c'est pour un Amant un bonheur bien parfait.

DORANTE.

Oh, pour moi, je n'ai pas tant de délicatesse.
Je vous quitte, employez vos soins & votre adresse,
A bien peindre un objet de tant d'attraits pourvû;
Surtout, ayez grand soin de n'en être pas vû.
Nous n'aurons sur le prix nulle dispute ensemble,
Mais, comme vous sçavez, c'est en cas qu'il ressemble.

SCENE V.

CARMIN *seul*.

EH, s'il avoit voulu m'avancer mon argent,
Je l'aurois mieux aimé, car l'homme est si changeant!

Je réponds du ſuccès à l'égard de l'ouvrage,
Perſonne, mieux que moi, n'eſcamote un viſage.
Je juge par les ſoins qu'on prend de me cacher,
Que cette femme-là pouroit s'effaroucher.
Tant-pis, à la décence une femme aſſervie
Ne ſe fait peindre, au plus, qu'une fois dans ſa vie;
Car n'ayant point d'Amant ou n'en changeant jamais,
On ne peut eſperer d'en faire deux portraits.
Que j'aime ces beautés moins ſenſibles qu'humaines
Qui pour ceux de mon art ſont des rentes certaines,
Et qui de l'inconſtance ayant connu le prix,
Ne changent point le Peintre, & changent les amis.
Quelqu'un vient, cachons-nous dans cette place obſcure,
C'eſt, je n'en doute point, l'objet de ma peinture.

SCENE VI.

CIDALISE, LISETTE, CARMIN, *caché*.

LISETTE.

OUi, ma maîtreſſe doit ſe rendre dans ce lieu.

CIDALISE.

Sa visite souvent s'y fait attendre un peu.

CARMIN, *à part.*

Puisqu'elle attend visite elle est donc la maîtresse
De la maison.

LISETTE.

Il faut excuser sa paresse.

CIDALISE.

Ta maîtresse, crois-moi, facile à s'abuser,
Ne fait que s'étourdir en croyant s'amuser.

CARMIN.

Oh, cette femme-là se pique de morale,
Je suis presque tenté de la peindre en Vestale.

CIDALISE.

Je ne sçaurois me plaire en un cercle nombreux,
Qui loin de m'égayer me devient ennuyeux,
Et tous ces gens brillans dont sa maison abonde,
Me font plus que jamais détester le grand monde.

CARMIN.

Il faut tâcher pourtant de la voir de plus près.

CIDALISE.

Son amour-propre entend trop mal ses intérêts,
D'être de l'univers esclave volontaire,
De mépriser les sots & de vouloir leur plaire.

CARMIN.

Je m'apperçois vraiment qu'elle a de fort beaux
yeux !

Comment peut-elle avoir l'esprit si sérieux ?

LISETTE.

Dorante cependant est un homme estimable.

CIDALISE.

Je le distingue, soit, mais il est trop aimable.

CARMIN.

Ce nom vient tout à coup d'animer son regard,
Profitons-en, l'amour tient toujours lieu de fard,
Là, fort bien en profil.

CIDALISE.

Oui, je lui rends justice.

CARMIN.

Je la peins à présent avec l'œil en coulisse.

CIDALISE.

De ses autres amis il est bien différent ;
Noble dans ses façons, poli, sensé, prudent,
Il ne cherche jamais à briller, à surprendre,
Et se fait remarquer sans y vouloir prétendre.

LISETTE.

Et Damis, n'est-il pas charmant ?

CIDALISE.

Ah ! l'étourdi !

CARMIN.

A ce maudit nom-là, son teint s'est rembruni.
Si l'on pouvoit encor lui parler de Dorante.

CIDALISE.

Ce Damis si charmant n'est qu'un fat qui se vante,

Un homme déplacé qui devroit fuir l'éclat,
Son air évaporé contredit son état,
Toujours à nos dépens ses fautes sont commises,
Et c'est le Public seul qui paye ses sottises,
Mais Dorante....

CARMIN.

Ah voilà le nom que j'attendois,
Voilà ces yeux sereins que je redemandois,
Saisissons ce moment d'un soleil sans nuages.

CIDALISE.

On pouroit sans danger recevoir ses hommages,
Mais que vois-je! quel homme à mes yeux vient s'offrir?
Et que demande-t-il?

CARMIN.

Tout va se découvrir.

CIDALISE.

Que voulez-vous?

CARMIN.

Il faut payer d'effronterie.
Madame Serviteur.

CIDALISE.

Dites-moi, je vous prie,
Ce que vous faisiez là?

CARMIN.

Je m'occupois.

CIDALISE.

A quoi?

LISETTE.

Mais c'eſt là le valet de Dorante.

CIDALISE.

Lui ?

CARMIN.

Moi.

CIDALISE.

Je ne le connois point.

CARMIN.

Je ſuis à ſon ſervice,
Depuis peu.

CIDALISE.

Mais ici....

CARMIN.

Je ſuis ſans artifice ;
Vous pouvez bien compter ſur ſon attachement ;
Il me parle de vous continuellement.

LISETTE.

Ce garçon-là m'a l'air d'être un bon domeſtique.

CARMIN.

Je puis bien me vanter d'être un garçon unique.
Mon Maître fait de moi grand cas, à ce qu'il dit,
Je ſuis pour vous ſervir, ſon valet bel-eſprit.

CIDALISE.

Comment ! C'eſt un beau titre.

CARMIN, *à part.*

Ah qu'elle eſt bien en face !
(*Haut.*)

(*Haut.*) Enfin je remplissois le devoir de ma place,
Et quand vous m'avez vû je faisois un Roman.

CIDALISE.

Je voudrois bien le voir.

CARMIN.

Je n'en étois qu'au plan.
Poursuivez l'entretien avec Mademoiselle,
Je vais pendant ce tems travailler de plus belle.

CIDALISE.

Nous vous interromprons.

CARMIN.

Non, rien ne me distrait;
Je vais de la Princesse achever le portrait.

CIDALISE.

Eh bien, je ne veux pas vous troubler davantage,
Travaillez, j'y consens.

CARMIN.

Je reprens mon ouvrage,
Le portrait sera bien.

CIDALISE.

Au moins je le verrai
Quand il sera fini?

CARMIN.

Je vous obéirai.

LISETTE.

Ma maîtresse bientôt va venir, je vous prie
De ne lui point parler de sa coquetterie;

Vous me ruineriez si vous la corrigiez.

CARMIN, *à part.*

Oh, pour le coup je compte être des mieux payés,
Cela ressemblera, je n'ai plus rien à craindre,
Je finirai chez moi ce qui me reste à peindre.
Resserrons nos pinceaux & décampons d'ici.

CIDALISE.

Eh bien donc, ce portrait ?

CARMIN.

Madame, il est fini.

CIDALISE.

Mais vous m'avez donné parole de le lire.

CARMIN.

Madame.... j'en conviens, (*à part.*) que pourai-je lui dire ?

CIDALISE.

Allons, montrez-le-moi ;

CARMIN.

Ce n'est que mon brouillon,
Vous ne pourriez jamais. ....

CIDALISE.

Eh bien, lisez-le donc ?

CARMIN, *feignant de lire.*

J'obéis. La Princesse.... Ah, vous êtes distraite.

CIDALISE.

Non vraiment.

CARMIN.

La Princesse étoit grande & bien faite.

CIDALISE.

Et quel étoit ſon nom ?

CARMIN.

Mon application
A ſon portrait, m'a fait oublier ſon vrai nom ;
Mais enfin, quel qu'il fût, c'étoit une Princeſſe,
Dont le viſage avoit un grand air de nobleſſe.

CIDALISE.

Ce ſtile eſt délicat.

CARMIN.

Ses cheveux bien placés,
Flottoient négligemment. . . . en ondes retrouſſés,
Elle avoit les yeux noirs, une bouche à ſurprendre ;
Avec un air ſévere elle avoit le cœur tendre ;
Mais ſuivant la fierté de ſon eſprit trop haut,
Sa ſageſſe affectée étoit ſon ſeul défaut.

CIDALISE.

Mais, de ce portrait-là, je ſuis aſſez contente.

CARMIN.

Trouvez-vous la peinture en effet reſſemblante ?

CIDALISE.

Mais, moi, je ne puis rien vous dire ſur cela,
Je ne connoiſſois pas cette Princeſſe-là.
Et le Prince ?

CARMIN.

Il avoit la figure charmante :
Suppoſons un inſtant qu'il s'appelloit Dorante.

CIDALISE.

Eh bien ? . . . . .

CARMIN.

Dorante donc, ſans eſpoir de ſuccès,
Etoit de la Princeſſe amoureux à l'excès.

CIDALISE.

Comment donc ?

CARMIN.

Je vois bien que j'ai votre ſuffrage,
Serviteur, vous direz du bien de mon ouvrage.

SCENE VII.

CIDALISE, *ſeule.*

GRands Dieux ! que l'amour-propre à tromper eſt aiſé !
Car enfin, ce portrait n'étoit que ſuppoſé ;
Et j'ai craint un moment que ce Valet peut-être,
N'employât un détour pour parler de ſon maître,
Mais j'étois dans l'erreur ; car Dorante eſt, je croi,
Contre une paſſion en garde autant que moi.
Mais la Comteſſe vient, ah ! quelle compagnie !
Faut-il qu'en ſe perdant cette femme s'ennuye !

SCENE VIII.

LA COMTESSE, DAMIS, CIDALISE.

LA COMTESSE, *à part.*

LA voilà ; je me fais un effort de raison,
Pour être encor six mois logée en sa maison.
Eh, bonjour, quel bonheur que nous logions ensemble !
A chaque heure du jour on se voit, on s'assemble.
Cela fait un commerce aussi sûr que charmant,
La contrainte banie, en fait tout l'agrément.

CIDALISE.

Surtout, lorsqu'on n'a pas une humeur différente.

LA COMTESSE, *à part.*

Quelle aigreur ! (*haut*) avez-vous ici trouvé Dorante ?

CIDALISE.

Il venoit de sortir.

DAMIS.

On en sçait le sujet.

CIDALISE.

Je l'ignore.

DAMIS.

Ah, parbleu, Madame en est l'objet,
Et l'on est bien instruit de l'état de son âme.

LA COMTESSE.

Je ne puis que la plaindre.

DAMIS.

Il croit cacher sa flâme,
Par son air grave & froid.

LA COMTESSE.

Oui, mais il est jaloux.

CIDALISE.

Jaloux ! & de qui donc ?

DAMIS.

De qui ? mais c'est de nous ;
De moi surtout, il voit Madame la Comtesse,
Qui pour moi daigne avoir un peu de politesse,
Il s'offense.

CIDALISE.

Il a tort, mais Dorante amoureux
M'étonne.

LA COMTESSE.

Son amour me paroît fort douteux.

CIDALISE.

Non, je n'en reviens point.

LA COMTESSE.

C'est Damis qui l'assure.

DAMIS.

Oh, j'en suis caution, Madame, je vous jure.

CIDALISE.

Une affaire m'oblige à vous quitter bientôt,

Vous avez, m'a t'on dit, à me parler ?

LA COMTESSE.

Il faut
Que je connoiſſe autant votre bon caractere,
Pour oſer....

DAMIS.

Eh, parbleu, faut-il tant de miſtere !
Voici le fait tout ſimple, à Madame ce ſoir,
Je veux donner le bal ; mais pour le mieux pouvoir,
Vous ſentez bien qu'on a beſoin de votre ſale ;
La prêter doit pour vous être une choſe égale.

LA COMTESSE.

Eh bien ?

CIDALISE.

Vous obliger m'eſt un plaiſir bien doux,
Je vous l'ai dit ſouvent, ma maiſon eſt à vous.
Mon air trop ſérieux me fait paſſer pour prude,
Mais on me connoit mal, mon cœur eſt ſans étude ;
Il chérit les douceurs de la tendre amitié,
Mais c'eſt par ſes nœuds ſeuls qu'il veut être lié.
Le monde eſt de l'amour un piége inévitable,
Si je me craignois moins je ſerois plus aimable.

Elle ſort.

SCENE IX.

LA COMTESSE. DAMIS.

LA COMTESSE.

A l'aimer déſormais, mon cœur eſt décidé.

DAMIS.

Vraiment ſon ridicule eſt aſſez bien fondé.
Mais mon unique objet, à préſent, c'eſt Dorante:
Pendant tout le repas il faut qu'on le plaiſante.

LA COMTESSE.

C'eſt mon deſſein; je veux déveloper ſon cœur,
Exciter ſon dépit par un ſouris mocqueur,
Recevoir en raillant ſes froides déférences,
A tout autre qu'à lui, marquer des préférences;
Je n'épargnerai rien; c'eſt par l'orgueil piqué,
Que l'homme qu'on croit ſage eſt ſouvent démaſqué.

SCENE X.

DORANTE, LA COMTESSE, DAMIS.

DAMIS.

IL vient avec ſon air reſpectueux & tendre.

LA COMTESSE.

Ah, vous voilà, Monsieur, vous vous faites attendre,
Je ne puis cependant vous sçavoir mauvais gré,
Un homme de mérite est toujours affairé.

DORANTE.

S'il est ainsi, je dois avoir très-peu d'affaires.

LA COMTESSE.

Quoi, vous qui vous piquez d'être des plus sincéres,
Me tenir ce discours !

DORANTE.

Peut-il être suspect ?

LA COMTESSE.

Comment, vous n'avez pas pour vous un grand respect ?

DORANTE.

Madame, je n'en ai que pour très-peu de monde ;
Et point du tout pour moi.

DAMIS.

Trouvez-vous qu'il réponde ?

LA COMTESSE.

Dorante, allons dîner & laissons tout cela.

DORANTE.

Madame, je ne puis avoir cet honneur-là.

LA COMTESSE.

Quoi ?

DORANTE.

J'en suis fâché, mais....

LA COMTESSE.

Mais quelle eſt votre excuſe ?
D'un engagement pris eſt-ce ainſi qu'on abuſe ?

DORANTE.

Oui, Madame, il eſt vrai, je vous l'avois promis.

LA COMTESSE.

Eh bien....

DORANTE.

Je vais dîner chez un de mes amis.

LA COMTESSE.

Monſieur, ce procédé d'une eſpece nouvelle
Eſt de rompre avec moi, la volonté formelle,
Je veux abſolument m'éclaircir là-deſſus.

DAMIS, *bas à la Comteſſe.*

Vous vous fâchez, Madame, & vous ne raillez plus.

LA COMTESSE.

Ah, vous avez raiſon, & je ne dois qu'en rire,

SCENE XI.

UN LAQUAIS, *& les Suſdits.*

LE LAQUAIS.

Monſieur, un de vos gens vous cherche pour vous dire.....

CARMIN.

Il ſuffit.

LA COMTESSE.

Qu'est-ce donc? Voyez....

DAMIS.

Je suis au fait,
La Présidente attend réponse à son billet.

LA COMTESSE.

Vous pouvez dans ma chambre écrire cette lettre;
Nous vous y rejoindrons.

DAMIS.

Quoi vous pouriez permettre....

LA COMTESSE.

Ma maison fut toujours celle de mes amis;
J'y veux voir chacun libre autant que je le suis.

SCENE XII.

LA COMTESSE, DORANTE.

LA COMTESSE.

Dorante, il faut ici me parler sans mystere,
Quel est votre projet?

DORANTE.

De ne vous pas déplaire,
Mais d'être exact aux loix que prescrit l'amitié.

LA COMTESSE.

Hier, chez votre ami vous n'étiez pas prié,
Est-il malade?

DORANTE.

Non.

LA COMTESSE.

Quelque fâcheuse affaire,
Peut-elle en sa faveur vous rendre nécessaire?

DORANTE.

Oh, non.

LA COMTESSE.

Quel sujet donc vous attire chez lui?

DORANTE.

Quel sujet? le plaisir d'être avec mon ami.

LA COMTESSE.

Ce propos est pour moi la plus cruelle injure,
Et vous vous oubliez, Dorante.

DORANTE.

Je vous jure,
Qu'on ne peut oublier ce qu'on sçait vous devoir.

LA COMTESSE.

Vous bornez cette dette, à ce que je puis voir.

DORANTE.

Non, Madame, & je dois dissiper vos ombrages,
Comme mes intérêts je vois vos avantages,
Je vous suis attaché. Mais parlons franchement;
Pour suivre votre char j'ai trop peu d'agrément.
Je n'ai point un esprit d'éclairs & de saillies,
Je ne débite pas de ces fadeurs jolies,
Qui forment l'homme aimable, & j'ignore cet art

De ſe faire écouter en parlant par hazard ;
Je n'obſerve jamais quelle mode circule,
Je ne ſens point le prix d'un nouveau ridicule,
Et de la beauté-même attaquant les abus,
Je me borne à louer ſeulement les vertus.
Madame, c'eſt par-là que je vous conſidere ;
Mais on parle chez vous une langue étrangere,
Et me taiſant toujours ſans comprendre un ſeul mot,
J'y fournis le portrait d'un ſauvage ou d'un ſot.
D'être avec mon ami, je me fais une fête.
C'eſt chez lui que je vais en dînant tête-à-tête,
Employer avec joye un langage oublié,
C'eſt celui de deux cœurs unis par l'amitié,
Guidés par la franchiſe & par la confiance.
C'eſt-là, que ſans avoir beſoin de médiſance,
Sans fronder l'Univers, ſans nous mettre en courroux,
Nous ne remarquerons que ce qui péche en nous.
Critiques doux & vrais, approbateurs fidéles,
Nous ſommes l'un de l'autre, & cenſeurs & modéles,
Et ſçachant à propos nous louer, nous blâmer,
Nous nous apprenons l'art de nous faire eſtimer.

LA COMTESSE.

J'approuve ce projet, il eſt très-reſpectable ;
Mais il faudtoit apprendre aussi l'art d'être aimable.

Ce n'eſt point un talent ſi fort à dédaigner,
Et c'eſt le monde ſeul qui peut nous l'enſeigner.
Son jargon, je l'avouë, eſt leger & frivole,
Mais l'honnête-homme y peut jouer le plus beau
rôle.
Les qualités du cœur, l'exacte probité,
Font l'ame & le lien de la ſociété.
On peut être amuſant ſans être mépriſable;
Et la raiſon ne ſert qu'à rendre ſociable,
Bien loin que l'agrément puiſſe nuire aux vertus,
C'eſt pour le plus ſévére un mérite de plus,
Et le monde en un mot, formant le caractere,
Embellit la ſageſſe en l'inſtruiſant à plaire.

DORANTE, *à part.*

Elle a vraiment raiſon, chaque mot qu'elle dit,
Acheve ma défaite & charme mon eſprit;
Mais il faut lui cacher que je lui rends les armes.

LA COMTESSE.

Que dites-vous?

DORANTE.

Je dis que le monde a des charmes,
Mais que ſi l'on y veut être bien déſiré,
Il faut de quelque femme être amant déclaré;
Changer en ſa faveur d'amis & de conduite,
Au ſpectacle, en tous lieux s'enchaîner à ſa ſuite.

LA COMTESSE.

Voyez le grand malheur, qu'un tel événement!

DORANTE.

Madame, je ne puis me contraindre un moment,
D'ailleurs, j'ai pour l'amour une haine si grande...

LA COMTESSE.

Mais il se peut très-bien que l'amour vous le rende.

DORANTE.

Je ne m'en tiendrai pas pour cela moins heureux.

LA COMTESSE, *à part.*

Je commence à penser qu'il n'est point amoureux,
Et j'en suis offensée.

DORANTE.

Eh, quoi?

LA COMTESSE.

Monsieur, je pense
Qu'on a tant de respect pour votre indifférence,
Qu'on vous y laissera.

DORANTE.

Rien ne peut m'en tirer.

LA COMTESSE, *à part.*

Quel seroit mon plaisir de le voir soupirer!

DORANTE.

Oui, le joug de l'amour est un joug tyrannique.

LA COMTESSE.

Oui, lorsqu'on vous ressemble.

DORANTE, *à part.*

Ah bon, elle se pique.
Et mon espoir commence à naître.

LA COMTESSE.

Quel malheur,
De n'esperer jamais triompher de Monsieur!

DORANTE.

Je suis sûr de mon fait.

LA COMTESSE.

Voyez cette assurance!

DORANTE.

Je ne la dois qu'à vous.

LA COMTESSE.

Oh, je perds patience.

DORANTE.

Madame, un tel discours n'est point injurieux;
Si j'ai pu, sans aimer, voir l'éclat de vos yeux,
Je serai toujours libre.

LA COMTESSE.

Ah! que vous êtes fade!
Si vous étiez amant, vous seriez trop maussade.

DORANTE.

Vous avez résolu de ne jamais aimer;
Et mon cœur sur le vôtre a voulu se former.

LA COMTESSE.

Je lisois mal alors dans le fond de mon ame.
(*à part*) Je veux le piquer.

DORANTE, *vivement.*

Quoi! vous aimeriez, Madame?

LA COMTESSE.

Ah ! je n'en conviens pas : mais quand cela seroit,
Monsieur ?

DORANTE.

Mon amitié dans ce cas vous plaindroit.

LA COMTESSE.

Moi, je vois dans l'amour le bonheur de la vie.

DORANTE.

Oh ! vous plaisantez.

LA COMTESSE.

Non, & je me remarie.

DORANTE, *très-vivement.*

Vous vous remariez ?

LA COMTESSE, *à part.*

Je vois qu'il est outré.

(haut.) Je me remarie, oui.

DORANTE, *froidement.*

Je vous en sçais bon gré.

LA COMTESSE, *à part.*

Je suis au désespoir !

DORANTE.

Et pourroit-on apprendre,
Quel est l'heureux mortel qui va tant nous surprendre ?

LA COMTESSE.

Ce n'est pas vous toujours.

DORANTE.

Oh, non ſans contredit.
Cet homme apparemment eſt un homme d'eſprit?

LA COMTESSE.

Sur quoi le jugez-vous?

DORANTE.

Mais ſur la connoiſſance
Qu'il a de votre cœur, & de votre conſtance.

LA COMTESSE.

Mais, ſans doute, Monſieur; ne plaiſantez pas tant.

DORANTE.

Eh bien, il faut qu'il ait l'eſprit bien pénétrant.

LA COMTESSE.

Il en aura le prix.

DORANTE, *à part.*

Mais je commence à craindre
Qu'elle ne diſe vrai; non, non, elle veut feindre,
Et pénétrer mon cœur.

LA COMTESSE.

Vous êtes étonné?

DORANTE.

Non vraiment.

LA COMTESSE.

Vous avez pourtant l'air conſterné.

DORANTE.

Eſt-ce un de mes amis?

LA COMTESSE.

Cela pourroit bien être.

(*à part*) Son dépit, pour le coup, est facile à connoître.

DORANTE.

Ma foi, je n'en crois rien.

LA COMTESSE.

Vous n'en croyez rien?

DORANTE.

Non.

LA COMTESSE.

Et si je vous disois que cet homme est Damon.

DORANTE.

Cela ne se peut pas, Damon?

LA COMTESSE.

Oui, je le nomme.

DORANTE.

Pour vous..... vous faites bien, c'est un fort honnête homme.

SCENE XIII.

LISETTE. LA COMTESSE. DORANTE.

LISETTE.

Je viens vous annoncer un convive de plus,
Madame, c'eſt Damon.

DORANTE.

Ah, me voilà confus!

LA COMTESSE.

Damon? j'en ſuis ravie! (*à part*) Ah! de bon cœur
j'enrage!

LISETTE.

Il ne veut vous parler que ſur ſon mariage.

LA COMTESSE, *bas.*

Tais-toi ſur-tout.

DORANTE.

O Ciel!

LA COMTESSE, *bas à Liſette.*

Ne dis pas un ſeul mot,
Et ſors au même inſtant.

SCENE XIV.

LA COMTESSE. DORANTE.

LA COMTESSE.

Ah! que mon homme eſt ſot!

DORANTE.

La cruelle jouit du trait qui me déchire!

LA COMTESSE.

Dorante, au moins chez moi vous viendrez me conduire.

DORANTE.

Je ne ſçaurois entrer dans votre appartement.

LA COMTESSE.

Pourquoi donc? à Damon vous feriez compliment.

DORANTE.

Je dois ignorer tout, juſqu'à ce que lui-même
Vienne m'en faire part.

LA COMTESSE.

Vous dites qu'il vous aime;
Il vous en inſtruira des premiers ſans doute?

DORANTE.

Oui,
J'y compte bien vraiment.

LA COMTESSE.

Dînez donc avec lui.

DORANTE.

Avec lui, moi, Madame ? Oh, non, je vous
l'assûre.

LA COMTESSE.

Vous paroissez émû ?

DORANTE.

Moi, non : mais je vous jure,
Que si votre Damon tous les jours dîne ici,
J'irai tous ces jours-là dîner chez mon ami.

Fin du premier Acte.

ACTE II.

SCENE PREMIERE.

DAMIS, *seul.*

LA Comtesse est rêveuse, en serois-je la cause ?
Je le crains; j'ai pourtant si peu prévû la chose,
Que je l'ai sottement fait peindre à son insçû.
Je vois bien que j'ai tort, car enfin j'aurois dû
Me tenir pour certain que cette femme m'aime,
Et compter recevoir son portrait d'elle-même.
Pour avoir été peint hier à l'Opera,
Ce portrait n'est pas mal, on la reconnoît là,
On a bien attrapé le tour de son visage.
Que voilà bien ces yeux dont elle fit usage
Pour fixer....Mais on vient, renfermons ce portrait;
Car puisque je suis humble, il faut être discret.

SCENE II.

DORANTE. DAMIS.

DORANTE.

NOn, rien n'étoit égal à mon impatience;
Je ne me suis jamais tant ennuyé je pense,
Je brûlois du désir de revenir ici,
Et Clitandre vouloit m'enfermer avec lui.

DAMIS.

Ah, l'on n'espéroit pas vous voir si-tôt Dorante;
Votre air calme & serein marque une ame contente;
Vous venez de gouter le prix de l'amitié,
C'est ainsi que le tems devroit être employé.

DORANTE.

La Comtesse est chez elle encore?

DAMIS.

Oui.

DORANTE.

Je vous quitte;

DAMIS.

Demeurez donc, pourquoi m'abandonner si vîte?
Informez-moi du moins du plaisir inoüi,
Que vous avez goûté seul avec votre ami.
Ah! que vous avez dû vous amuser?

DORANTE.

Sans doute.

DAMIS.

Aussi paroissez-vous bien gai, je vous écoute

Allons, parlez;

DORANTE.

J'enrage!

DAMIS.

Eh bien?

DORANTE.

Un tel plaisir

Est toujours un récit ennuyeux à mourir.

Vous devriez plûtôt me faire part des vôtres;

Tous vos plaisirs, Messieurs, sont differens des nôtres,

Car vous ne les goutez qu'en nous les racontant,

Et les nôtres ne sont sentis qu'en les goutant.

DAMIS.

J'aime à vous voir penser avec délicatesse.

DORANTE.

Hé-bien, Damon a donc diné chez la Comtesse?

DAMIS.

Oui, vraiment; il étoit même en regne aujourd'hui.

DORANTE, *à part.*

Juste-Ciel!

DAMIS.

Les regards ne s'adressoient qu'à lui.

DORANTE, *à part.*

Le dépit me suffoque.

DAMIS.

Eh, quoi ?

DORANTE.

C'est à merveille.

DAMIS.

Tous deux presque toujours se parloient à l'oreille.

DORANTE, *à part.*

Ah ! l'ingrate !

DAMIS.

Plaît-il !

DORANTE.

Qui moi ? je ne dis rien,
Mais je la blâme fort.

DAMIS.

Ah vous concevez bien
Que j'ai crû lui devoir parler avec franchise.

DORANTE.

Vous avez très-bien fait, & tout vous autorise ;
Que vous a-t-elle dit ?

DAMIS.

Elle m'a confié
Que Damon, dans deux jours, doit être marié.

DORANTE.

Quoi, la chose est donc vraye ?

DAMIS.

Oh, tout au plus réelle.
La fille qu'il épouse est, dit-on, jeune & belle,
C'est la fille d'Ormon.

DORANTE.

Damis, que dites-vous!
C'est elle?.....

DAMIS.

Dont Damon va devenir l'époux;

DORANTE.

Ah, Damis, vous avez mis fin à ma tristesse,
Je croyois que Damon épousoit la Comtesse.

DAMIS.

En étiez-vous jaloux?

DORANTE, *à part.*

Me serois-je trahi?
(*Haut.*) Moi, jaloux! non vraiment, mais je suis son ami,
Et je ne pourois voir sans une peine affreuse,
Qu'un tel engagement la rendroit malheureuse.

DAMIS.

Vous croyez donc son cœur tranquile absolument;
Incapable, en un mot, d'aucun attachement?

DORANTE.

J'en suis très-assuré, car elle est si coquette!

DAMIS.

Coquette?

DORANTE.

Mais sans doute.

DAMIS.

Ah ! l'erreur est complette.

DORANTE.

Comment donc ?

DAMIS.

Mon ami, je vous crois très-discret ;
Vous ne voudriez pas abuser d'un secret :
Si la Comtesse étoit si vive, si légere,
Elle se borneroit au seul desir de plaire,
Et n'aimeroit rien ?

DORANTE.

Oui.

DAMIS.

Si je vous assûrois
Que son cœur est touché ?

DORANTE.

Je m'en étonnerois.

DAMIS.

Eh bien, que votre esprit s'apprête à la surprise.

DORANTE.

Quoi ?

DAMIS.

Du plus tendre amour la Comtesse est éprise.

DORANTE.

La Comtesse aimeroit ?

DAMIS.

Oui, mais très-vivement ;
Et vous ne croiriez pas qu'elle a pris pour amant
Quelqu'un qui, je l'avoue, est un fort honnête homme,
Mais qui n'a qu'un état peu brillant.

DORANTE.

Il se nomme ?

DAMIS.

Je veux que son portrait le fasse deviner.

DORANTE.

Je ne le pourrai pas seulement soupçonner.

DAMIS.

C'est un garçon modeste, & vraiment estimable ;
Mais son humilité l'empêche d'être aimable ;
Pour faire une conquête, il ne se croit pas né ;
De sa bonne fortune, il est tout étonné :
Quoique ce ne soit pas cependant sa premiére ;
La tête d'une femme est au plus singuliére.
Eh bien, devinez-vous cet heureux ?

DORANTE.

Non, ma foi.
(à part) Quel supplice !

DAMIS.

Il faut donc vous dire que c'est moi.

DORANTE.

Vous ? . . . .

DAMIS.

Moi-même.

DORANTE.

Eh, morbleu, la chose est incroyable.

DAMIS, *montrant le Portrait.*

Son portrait peut, je crois, la rendre vraisemblable.

DORANTE.

C'est elle : puis-je croire un fait si surprenant !

DAMIS.

Mais moi, bien plus que vous, je le trouve étonnant.
Je réussis, je plais, sans paroître y prétendre :
Je suis né fort timide, on croit que je suis tendre.
Oui, je suis à la mode ; il faut cependant bien
Que je sois fort aimable, & je n'en sçavois rien.

DORANTE.

Il faut que cela soit, puisque l'on vous écoute.

DAMIS.

Je ne puis m'aveugler, la Comtesse me goûte ;
Et comme elle a beaucoup de confiance en vous,
De cet amour nouveau, qui n'est sçû que de nous,
Peut-être elle voudra vous instruire elle-même.
Ah, cette attention au moins seroit extrême !
Un secret en vos mains est toujours bien commis ;
C'est votre probité qui vous fait tant d'amis.

Il sort.

SCENE III.

DORANTE, *seul.*

J'Allois faire éclater le transport qui m'anime;
D'une femme & d'un fat je suis donc la victime.
Puisque je peux l'aimer, je le mérite bien;
Mais je veux avec elle avoir un entretien,
La railler de sang froid. La chose est impossible;
Mon dépit feroit voir combien je suis sensible,
Elle en triompheroit; l'excès de la fureur
Honore une Coquette autant qu'une fadeur.
Je veux que tout le monde ignore que je l'aime.
Mais comment renfermer mon désespoir extrême?
Comment l'humilier?

SCENE IV.

CIDALISE. DORANTE.

DORANTE.

Vous venez à propos,
Madame, c'est de vous que j'attends mon repos;
Ce n'est point que l'amour & me trouble & m'enflâme,
Toujours l'amitié seule eut des droits sur mon ame.

CIDALISE.

On la méconnoîtroit à tant d'émotion,
Elle prend chez vous seul l'air de la passion.

DORANTE.

Voilà malgré moi-même, à quel point je la porte;
Les fautes d'un ami m'affligent de la sorte.
Helas, si l'on pouvoit les choisir tels que vous,
On jouiroit d'un sort trop paisible & trop doux.

CIDALISE.

Du choix de ses amis on est toujours le maître.

DORANTE.

Souvent on l'est de ceux dont on ne doit pas l'être.
Vous-même êtes amie, à ce que j'ai pû voir,
De la Comtesse.

CIDALISE.

Autant que je crois le devoir;
Enfin autant qu'on peut l'être avec bienséance.

DORANTE.

L'amitié ne peut pas tromper votre prudence;
Vous la connoissez.

CIDALISE.

Oui, j'y prens même intérêt;
Mais je sçais en l'aimant la voir telle qu'elle est;
Elle se perd.

DORANTE.

Sans doute, & c'est ce qui m'afflige.
Même à vous en parler c'est là ce qui m'oblige.

Et

Et mon respect pour vous a droit de l'exiger.
Oui, Madame; j'aurois voulu vous engager
A lui représenter en véritable amie
Le tort qu'elle se fait par son étourderie.

CIDALISE.

Dorante, vous prenez ses fautes bien à cœur.
Les yeux de l'amitié n'ont point cette chaleur.
Quoi ! la seule amitié si pure & si parfaite,
Peut-elle pour objet avoir une Coquette,
Dont le cœur orgueilleux & jamais attendri,
Ne peut pas même avoir un amant pour ami ?
Dorante, prenez garde à ne vous pas méprendre,
Et craignez l'intérêt que vous semblez y prendre.

DORANTE.

Qui moi, de la Comtesse esclave méprisé,
Vous croiriez ? . . . .

CIDALISE.

Mais cela me paroît plus aisé
Que d'être son ami.

DORANTE.

Je pense le contraire.
Si j'aimois, je voudrois, sans être fait pour plaire,
Me flatter tout au moins, qu'un jour mes sentimens
Pouroient me tenir lieu du défaut d'agrémens,
Aussi loin de choisir une beauté volage,
Qui méprise un amant en briguant son hommage;
Je ne voudrois aimer qu'un respectable objet,

Dont on ne fut jamais amoureux par projet,
Qui d'une passion eût l'ame susceptible,
Crût pouvoir sans danger voir un ami sensible;
Et que chacun des deux l'un par l'autre entraîné,
Fût soumis à l'amour sans l'avoir soupçonné.

CIDALISE.

La façon de penser est vraiment estimable.

DORANTE.

Oui, mais si l'on veut plaire, il faut être agréable.

CIDALISE.

La Comtesse devroit sentir votre amitié.

DORANTE.

À sa légereté mon esprit s'est plié;
Je voudrois cependant que sagement guidée,
Elle eût du vrai bonheur une plus juste idée.
Sa folle vanité l'engage à s'égarer.
Je ne sçais pas comment on poura réparer
Sa derniere imprudence.

CIDALISE.

Helas! on doit la plaindre.

DORANTE.

Elle s'oublie enfin, jusqu'à se faire peindre.

CIDALISE.

Jusqu'à se faire peindre! ah, que dites-vous là
Monsieur?

DORANTE.

Ce n'est vraiment encor rien que cela.
Tous les jours un portrait se fait sans nul mystere,

Mais ſçavez-vous quel homme en eſt dépoſitaire ?
Damis.

CIDALISE.

Ah !

DORANTE.

Le premier de tous nos étourdis,
Qui pour le divulguer va courir tout Paris,
Et ne ménageant rien dans tout ce qu'il raconte,
Tire un indigne honneur de ce qui fait ſa honte.

CIDALISE.

La Comteſſe auroit dû mieux placer ſes amours,
Nous aimons malgré nous, mais nous devons toujours.
Eclairer notre amour avec la raiſon même,
Montrer dans nôtre choix une prudence extrême,
Et ſçavoir ménager par un accord ſi doux,
La tendreſſe d'un ſeul & le reſpect de tous.
Sur la foi d'un amant lorſqu'une femme compte,
Le tems la met en droit de ſe rendre ſans honte,
Et le monde éclairé juge par le vainqueur,
S'il l'eſt par le caprice ou par le choix du cœur.

DORANTE.

Parlez-lui donc, Madame.

CIDALISE.

Oui, je puis le promettre.

DORANTE.

Qu'elle ſçache à quel point elle a pû ſe commettre.

CIDALISE.

Je compte lui parler ſans nul déguiſement ;

DORANTE.

Ce ſera l'obliger bien véritablement.

CIDALISE.

Et pour lui pouvoir mieux dire ce que je penſe,
Je veux lui demander un moment d'audience

DORANTE.

Vous me ferez, Madame, un plaiſir infini.

CIDALISE.

C'eſt vous qui m'apprenez comme on doit être ami.

SCENE V.

DORANTE, *ſeul.*

LA Comteſſe par-là ſe verra confonduë,
Je vais voir éclater tout ſon trouble à ma vuë ;
Après quoi, pour jamais, je veux l'abandonner ;
Oui, je me promets bien de n'y pas retourner.

SCENE VI.

CARMIN, DORANTE, *ſans l'appercevoir.*

CARMIN.

AH, bon, le voilà ſeul, c'eſt l'inſtant favorable

Pour lui remettre en main ce portrait admirable.

DORANTE.

Je la flaterois trop en vivant sous sa loi.

CARMIN.

Vous aurez tout sujet d'être content de moi ;
C'est ce portrait, Monsieur, où tout mon art éclate.

DORANTE.

Non, je ne veux jamais songer à cette ingrate.

Il sort.

SCENE VII.

CARMIN, *seul.*

CEt homme me paroît ou bizarre ou distrait ;
De cet évenement je suis très-inquiet ;
Je ne m'attendois pas à pareille avanture,
Et c'est apparemment l'effet d'une rupture.
Elle arrive bientôt, moi seul en souffrirai ;
J'ai fini la peinture, & je la garderai.
Dorante est dans son tort, car rien dans ce visage
Ne présente les traits d'une femme volage.
Moi je trouve très-bon que l'on soit inconstant,
Mais je veux que l'on aime aussi plus d'un instant ;
Et lorsqu'un homme veut faire peindre une femme,
Je veux qu'il ait du moins assez de force d'âme
Pour laisser achever le Peintre & le payer,
Il peut changer après de peur de s'ennuyer.

SCÈNE VIII.

LA COMTESSE, CARMIN.

LA COMTESSE.

Quel est cet homme-là ?

CARMIN.

Je vois quelqu'un paroître.

LA COMTESSE.

Je ne sçais.....

CARMIN.

J'ai l'honneur de vous bien reconnoître,
Vous ne m'avez pourtant jamais vû, que je croi.

LA COMTESSE.

C'est un extravagant.

CARMIN.

Ah, j'exerce un emploi
Où souvent la raison court risque du naufrage ;
Et ma surprise, à moi, c'est d'être encor si sage.

LA COMTESSE.

C'est s'étonner de peu. Mais, pour tant hazarder,
Quel est votre métier ?

CARMIN.

C'est de vous regarder.

LA COMTESSE.

Parlez plus clairement,

CARMIN.

Pour bannir l'artifice,
Je ſuis Peintre.

LA COMTESSE.

Ah, j'entends.

CARMIN.

Fort à votre ſervice.

LA COMTESSE.

Vous venez donc ici faire quelque portrait ?

CARMIN.

Je ſuis plus avancé, l'ouvrage eſt déja fait.

LA COMTESSE.

Et ne peut-on pas voir cet ouvrage admirable ?

CARMIN.

Sur ce chapitre-là, je ſuis impénétrable.

LA COMTESSE.

A quoi bon ce ſecret ?

CARMIN.

Madame, croyez-vous
Que je ſois aſſez ſot pour peindre des époux,
Des neveux, des enfans, des oncles & des peres ?
Je ne m'amuſe point à toutes ces miſeres;
Tous ces originaux ſont brouillés, déſunis,
Avant que leurs portraits ſoient à moitié finis;
Et ces tableaux laiſſés, nous ſervent de tenture.
Je ne veux travailler jamais qu'en mignature.
Aucun Peintre ne peint plus promptement que moi;

Malgré cela, Madame, assez souvent je voi
Que l'ôn se brouille ayant la fin de mon ouvrage:
On ne voit plus d'amours dignes du premier âge;
Le portrait le plus cher, bientôt placé par rang,
D'un portrait de famille a l'air au bout d'un an.

LA COMTESSE.

Je ne puis soupçonner qui vous avez pû peindre
Ici sur ce pied-là?

CARMIN.

J'ai le secret de feindre:
Oui, j'attrape un visage avec précision,
Et je le peins souvent sans sa permission.

LA COMTESSE.

Je vous crois fort sçavant, mais cela ne peut être.

CARMIN.

Vous êtes, malgré vous, dans ce cas-là peut-être:

LA COMTESSE.

Qui, vous, vous m'auriez peinte?

CARMIN.

Oui.

LA COMTESSE.

Sans que je l'aye sçû?

CARMIN.

Oui.

LA COMTESSE.

Sans que l'on vous ait seulement apperçû?

CARMIN.

Oui.

LA COMTESSE.

Pour rendre la chose encore plus plaisante,
Je voudrois que ce fût par l'ordre de Dorante.

CARMIN.

Ah, vous connoissez donc ce Dorante?

LA COMTESSE.

Beaucoup.

CARMIN.

L'évenement n'est pas malheureux pour le coup.
Parlez sans déguiser; est-ce un bien honnête homme?

LA COMTESSE.

C'est par sa probité surtout qu'on le renomme.

CARMIN.

Vous me comblez de joie; & vous répondriez
De son exactitude envers ses créanciers?

LA COMTESSE.

Peut-on sçavoir pourquoi cela vous inquiette?

CARMIN.

J'ai droit de reclamer une petite dette,
[illegible] je serois fâché de lui faire un procès.

LA COMTESSE.

Sur quoi donc?

CARMIN.

Ce Dorante amoureux à l'excès,
Pour charmer les transports dont son âme est éprise,
Aujourd'hui m'a fait peindre....

LA COMTESSE.

Et qui donc ?

CARMIN.

Cidalise.

LA COMTESSE.

Cidalise ? . . . . .

CARMIN.

Elle-même,

LA COMTESSE.

Ah que me dites-vous ?

CARMIN, *montrant le portrait.*

Voilà la preuve.

LA COMTESSE, *à part.*

Rien n'égale mon couroux.

CARMIN.

Me payer, vous feroit beaucoup d'honneur, Madame ;
Cela s'appelleroit un trait de grandeur d'âme.

LA COMTESSE.

C'est elle assûrément.

CARMIN.

Ce portrait m'est resté ;
Et vous m'obligeriez beaucoup en vérité,
Si vous vouliez bien. . . . .

LA COMTESSE.

Oui, je veux bien en répondre ;
Donnez-moi ce portrait. (*à part*) Je prétends les confondre.

(*Haut.*) Dix Louis, eſt-ce aſſez ?

CARMIN.

Oui, c'eſt ce que je prends.

LA COMTESSE.

Ne revenez donc plus.

CARMIN.

De bon cœur j'y conſens.
Vous voulez bien payer les dettes de Dorante ;
Oh, c'eſt un procédé d'amitié qui m'enchante.

SCENE IX.

LA COMTESSE, *ſeule*.

NOn, je ne reviens point de mon étonnement ;
Dorante paroiſſoit m'aimer éperdument.
Ce n'eſt point mon orgueil qui me l'a fait accroire,
Tout le monde m'a fait remarquer ma victoire,
Et Cidaliſe, ſeule, eſt l'objet de ſes vœux :
Il n'a feint de m'aimer que pour cacher ſes feux.
Je ne regrette point ſa conquête échappée ;
Mais je trouve honteux d'avoir été trompée.
Il eſt cependant ſûr qu'ils ſont brouillés tous deux,
Le portrait en fait foi, le fait n'eſt pas douteux.
Cidaliſe a, dit-on, un ſecret à m'apprendre ;

A ſa priére ſeule ici je viens l'attendre ;
Je voudrois qu'elle vînt me parler franchement,
Afin de me charger du raccommodement.

SCENE X.

CIDALISE. LA COMTESSE.

CIDALISE.

Comteſſe, le ſujet qui près de vous m'ameine,
De mon attachement va vous rendre certaine ;
Vous verrez que je n'ai rien de caché pour vous.

LA COMTESSE.

Juſtement.

CIDALISE.

La franchiſe a des charmes ſi doux !

LA COMTESSE.

Oui, c'eſt de l'amitié la preuve la plus ſûre.

CIDALISE.

Le penſez-vous bien ?

LA COMTESSE.

Oui.

CIDALISE.

Ce diſcours me raſſûre,
Je n'oſois, qu'en tremblant, vous épancher mon cœur.

LA COMTESSE.

Je croyois inſpirer un peu moins de frayeur ;
Pour me déclarer tout, armez-vous de courage.

CIDALISE.

Vous connoiſſez, je crois, le motif qui m'engage :
Vous ſçavez bien qu'il faut, lorſqu'on a des attraits,
De la maligne envie écarter tous les traits ;
Pouvoir juſtifier la moindre circonſtance,
Et ſçavoir au plaiſir donner de la décence.

LA COMTESSE.

J'approuve en tous les points cette façon d'agir :
Quelquefois on peut bien aimer ſans en rougir ;
Une foibleſſe fait la honte d'une femme,
Mais le ſentiment fait l'éloge de ſon âme.

CIDALISE.

Sans doute : l'on ne peut s'affranchir de l'amour ;
On le brave longtems, on s'y ſoumet un jour.
Souvent avec nos goûts la vertu s'accommode ;
Mais on doit ſur-tout fuir tout amant à la mode,
Dont l'amour imprudent, ſans être délicat,
Entraîne toujours moins de plaiſir que d'éclat.

LA COMTESSE.

Que vous développez votre âme avec adreſſe !
Vous ſçavez vous y prendre avec tant de fineſſe,
Que ſans vous déclarer on peut vous deviner.

CIDALISE.

Mais c'est à quoi j'ai crû devoir vous amener :
Oui, le choix de l'amant, ou perd, ou justifie.
On sçait que le malheur de la jeune Emilie,
Est d'avoir pour Eraste un penchant peu réglé :
Au contraire, l'on a du respect pour Eglé ;
Son mari ne veut pas vivre mal avec elle,
Parce qu'il sçait qu'elle est prudemment infidelle.

LA COMTESSE.

Notre prochain, je crois, se passeroit fort bien
D'être pour quelque chose en tout cet entretien.

CIDALISE.

Cela ne peut jamais tirer à conséquence,
Et vous en sentez mieux le prix de la prudence.

LA COMTESSE.

Pourquoi mettre tant d'art à me dire un secret ?

CIDALISE.

Vous pouriez. . . .

LA COMTESSE.

Je sçais bien qu'il s'agit d'un portrait.

CIDALISE.

Ah ! qu'en me prévenant vous me tirez de peine !

LA COMTESSE.

Oui, votre modestie alloit en perdre haleine.

CIDALISE.

Cet éclaircissement m'embarassoit très-fort.

LA COMTESSE.

J'ai vû qu'il vous falloit épargner cet effort.

CIDALISE.

Puisque vous me parlez avec tant de franchise,
Comtesse, il n'est plus tems qu'avec vous je déguise.

LA COMTESSE.

Sans doute ; vous pouvez me parler librement :
Et... Dorante...

CIDALISE.

A pour vous un grand attachement.

LA COMTESSE.

Eh bien, en vérité, je vous trouve estimable,
D'en faire les honneurs.

CIDALISE.

Il est très-véritable,
Que nous avons tous deux eu le cœur pénétré,
De voir votre portrait imprudemment livré.

LA COMTESSE.

Mon portrait ?...

CIDALISE.

Oui, vraiment.

LA COMTESSE.

Pour moi votre tendresse,
De vous en assurer devoit avoir l'adresse.

CIDALISE.

Ah ! pour mon amitié rien n'eût été si doux,
Mais je ne l'ai pas pû.

LA COMTESSE.

J'ai donc mieux fait que vous;
Il vient de m'arriver la pareille avanture,
Le hazard m'a montré certaine mignature;
Et je m'en suis saisie.

CIDALISE.

Ah, vous avez bien fait.

LA COMTESSE.

Mais aussi mon esprit est-il bien satisfait.

CIDALISE.

Sçaurai-je ?...

LA COMTESSE.

Je voudrois le cacher à tout autre;

CIDALISE.

J'y suis sensible, enfin ce portrait ?...

LA COMTESSE.

C'est le vôtre.

CIDALISE.

Le mien ?...

LA COMTESSE.

En doutez-vous ?...

CIDALISE.

Que vois-je !.....

LA COMTESSE.

Cependant,
Vous comptiez avoir fait un choix sage & prudent.

SCENE

SCENE II.

DORANTE, CLITANDRE, LA COMTESSE, CIDALISE.

DORANTE, *à Cidalise.*

EH bien, de vos conſeils ſent-elle l'avantage ?

CIDALISE, *à Clitandre.*

Ah ! faites-moi raiſon du plus ſanglant outrage
Clitandre, dites-moi, quel eſt votre projet,
Et pourquoi ſans aveu vous avez mon portrait ?

CLITANDRE.

Comment, moi Madame ?

CIDALISE.

Oui, vous avez tort de feindre,
Car vous ſeul, en un mot, vous m'avez pû faire peindre.

Elle ſort.

SCENE XII.

LA COMTESSE, DORANTE, CLITANDRE, LISETTE, *qui ſurvient.*

LA COMTESSE.

Dorante, il faut vous dire avant de vous quitter,
Qu'en employant un Peintre, il faut le contenter.

DORANTE.

Une telle avanture eſt tout au plus étrange.

CLITANDRE, *à Dorante.*

Il faut qu'aſſurément le Peintre ait pris le change;
Comment de Cidaliſe appaiſer le courroux?...

LISETTE, *apportant une lettre à Dorante.*

Cette lettre, Monſieur, eſt adreſſée à vous,
Elle preſſe, dit-on.

LA COMTESSE.

Si c'eſt de votre tante,
Liſez-la promptement, elle eſt intéreſſante.

DORANTE *lit:*

» Enfin, je me ſuis donnée tant de mouvemens, » que pour vingt mille écus, j'ai obtenu pour » vous le Régiment en queſtion. Vous aviez un » nombre prodigieux de Concurrens, je vous » avertis que vous n'avez pas de tems à perdre,

» car si l'argent n'est pas porté ce soir chez votre
» Notaire, ce sera le petit Cléon, qui au lieu de
» vous aura le Brevet. »
Ah, l'affaire est manquée, & je n'y pense plus,
Je ne pourrai jamais trouver vingt mille écus;
Des terres en un soir ne peuvent pas se vendre,
Enfin, à réussir je ne dois plus prétendre.

LA COMTESSE.

Il faut....

DORANTE.

Une autre affaire agite mon esprit
Madame, contre moi n'ayez aucun dépit.

LA COMTESSE.

Moi?...

DORANTE.

Puisque du portrait vous sçavez l'avanture,
Croyez que c'est l'effet de l'ardeur la plus pure.

CLITANDRE, *à Dorante.*

Taisez-vous.

LA COMTESSE.

Son excuse augmente ma fureur.

CLITANDRE, *à Dorante.*

Le Peintre s'est mépris, laissez-lui son erreur.

DORANTE.

Je n'ai point prétendu vous faire aucune offense.

LA COMTESSE.

Moi, Monsieur....

CLITANDRE.

Le tems presse, & dans la circonstance.....

DORANTE.

L'amour....

CLITANDRE.

Eh finissons des discours superflus,
Et de tous les côtés cherchons vingt mille écus.

SCENE XIII.

LA COMTESSE, LISETTE.

LA COMTESSE.

Sans doute ils les pouront trouver chez Cidalise.

LISETTE.

Il ne l'a pas fait peindre, & c'est une méprise.

LA COMTESSE.

C'est une méprise?

LISETTE.

Oui, je garantis le fait,
Et je sçais qu'il vouloit avoir votre portrait.

LA COMTESSE.

Tu le sçais?

LISETTE.

Oui, vraiment, j'en suis sûre, vous dis-je.

LA COMTESE.

Son embarras, Lisette, & m'attriste & m'afflige,

Il manque sa fortune en cessant de servir,
Ses amis dans ce cas devroient se réünir;
Oui, je trouve pour lui la circonstance affreuse,
Ah! si je l'en tirois que je serois heureuse!

LISETTE.

Oui, mais votre dépense excéde votre bien.

LA COMTESSE.

Le désir d'obliger en fournit le moyen.
Et j'en imagine un; l'amitié m'autorise:
On en penseroit mal venant de Cidalise,
Dans ses bienfaits l'amour se mettroit de moitié,
Mais il ne peut devoir les miens qu'à l'amitié.

LISETTE, *en s'en allant.*

Ce titre d'amitié n'est souvent qu'une ruse,
Que l'amour met en œuvre & dont l'orgueil abuse.

Fin du second Acte.

ACTE III.

SCENE PREMIERE.

CIDALISE, *seule.*

LE peintre s'est mépris, je n'en puis pas douter,
Clitandre dans l'instant vient de me l'attester.
Se peut-il que Dorante à ce point-là s'abuse ?
Pour un homme sensé la faute est sans excuse.
Mais, que dis-je ? peut-on commander à son cœur ?
Qu'un objet nous déplaise, on s'arme de rigueur ;
Et l'esprit abusé rapporte à la prudence.
Un refus qui ne vient que de l'indifférence.
Qu'un autre ait le secret d'être aimable à nos yeux,
C'est celui que jamais on ne croit dangereux ;
On se trompe soi-même, on l'écoute, on l'attire ;
On ne s'apperçoit pas du poison qu'on respire :
L'amour offre ses traits pour ceux de l'amitié,
Et trop souvent l'on est avec lui de moitié.
Clitandre, en m'excédant du récit de sa flâme,
S'est fermé pour toujours tout accès dans mon âme.
Par sa raison, Dorante a charmé ma vertu ;
Il a surpris mon cœur, qui n'a point combattu.

Je me sçavois bon gré d'estimer sa sagesse ;
Et cette estime, hélas ! commençoit ma foiblesse.

SCENE II.

DORANTE. CIDALISE.

DORANTE.

MAdame, vous voyez un homme au désespoir ;
L'excès de ma douleur ne se peut concevoir :
J'ai couru vainement les Banquiers, les Notaires,
Même les gens de qui les âmes mercénaires
D'une richesse infâme estimant le bonheur,
Livrent sur intérêt & l'argent & l'honneur ;
Aucun ne m'a fourni la somme nécessaire.
Il n'en faut pas douter, j'ai manqué mon affaire.
Je ne puis plus servir ; & mon chagrin est vif
D'être toute ma vie un citoyen oisif ;
De n'avoir à choisir que le rôle incommode,
De politique aride, ou de fat à la mode ;
D'être un poids au public, & l'accabler sans fin
De l'ennui de moi-même ou d'un murmure vain.

CIDALISE.

Jamais vous ne serez dans cette alternative,
Et de votre chagrin la peinture est trop vive ;

Un homme dont le cœur eſt égal à l'eſprit,
A toujours du public l'eſtime & le crédit.
Je ne ſçais que les ſots qui ſoient nuls dans le monde ;
C'eſt cette eſpece-là qu'il faut que chacun fronde,
Ils ont en pure perte & leur place & leur bien.
Qu'on voit de gens titrés qui pourtant ne ſont rien!

DORANTE.

Ce ſont eux cependant pour leſquels on s'empreſſe.
Et je l'ai remarqué ſouvent chez la Comteſſe;
Lorſqu'un homme peut être étourdi par état,
Et lorſqu'il peut avoir une affaire d'éclat;
Tout le monde lui fait, ſans ſentir de ſcrupules,
Autant de complimens qu'il a de ridicules;
A les entretenir chacun ſemble appliqué,
Et l'homme de mérite à peine eſt remarqué.
Ma franchiſe m'expoſe à d'éternelles guerres;
Auſſi je me retire, & vais vivre en mes terres.

CIDALISE.

Mais attendez encor.

DORANTE.

Non, le deſſein eſt pris.
Mais de votre amitié, comme je ſens le prix,
Du moins je vous prierai quelquefois de m'écrire.

CIDALISE.

Volontiers,

DORANTE

DORANTE.

Et surtout ayez soin de m'instruire
De quel œil la Comtesse aura vû mon départ.

CIDALISE.

Elle y prendra, je crois, une assez foible part.

DORANTE.

Oh, sans doute. En jugeant pourtant sur l'apparence,
Elle devroit un peu regretter mon absence.

CIDALISE.

Vous étiez son ami.

DORANTE.

J'ai quelquefois pensé
Qu'il seroit bien cruel pour un homme sensé,
D'aimer avec foiblesse une pareille femme.

CIDALISE.

Oui.

DORANTE.

De quels traits affreux elle perceroit l'âme,
Par sa coquetterie & sa légéreté !
C'est un bonheur pour moi, très-grand en vérité,
D'avoir pû demeurer insensible auprès d'elle.

CIDALISE.

C'est être heureux ;

DORANTE.

J'aurois une peine cruelle
A m'en séparer, mais je ne redoute rien,

Je pars, j'ai le cœur libre, & m'en applaudis bien.

CIDALISE.

Eh bien, j'ai crû longtems que d'une ardeur secrete.

DORANTE.

Non vraiment; c'est vous seule ici que je regrette.
Votre esprit sérieux s'accommodoit au mien;
J'estimois votre cœur, j'aimois votre entretien;
Mais nous pourons toujours être en corespondance:
L'amitié sur l'amour a cette préférence;
Elle ne prend jamais ce vol impétueux,
Cet essor de l'amour vif & tumultueux;
Ce n'est point un éclair de qui les traits de flammes
Répandent le désordre & l'espoir dans nos âmes,
Qui fait par son yvresse oublier les vertus,
Dont les fers sont brisés dès qu'ils ne blessent plus;
L'amitié nous unit par un nœud plus aimable,
Rien n'en peut altérer la source respectable,
Nous voyons tous les jours ses liens pleins d'attraits
S'étendre, se prêter sans se rompre jamais,
Et des tems & des lieux rapprocher la distance,
Par les bienfaits, l'estime & la reconnoissance.

CIDALISE.

Ah, ce n'est plus ainsi que l'on aime à présent,
Sur le choix des amis on est plus complaisant;
J'ai souvent observé qu'en ce tems détestable,
L'amitié n'est qu'un nom qui cache un cœur coupable;

De la société c'est un lien trompeur,
Que forme le hazard sans l'aveu de l'honneur,
Qu'entretient le plaisir, que la licence anime,
Qui pése plus souvent l'intérêt que l'estime,
Et dont l'intérieur frivole ou criminel,
N'a jamais d'autre objet que son bien personnel.

DORANTE.

C'est sans regret aussi que je quitte le monde:
Je vais passer mes jours dans une paix profonde,
Chérir ma solitude; & pour mieux m'y lier,
En arrivant chez moi je veux me marier.

CIDALISE.

Qui vous?

DORANTE.

Oui. La Comtesse en sera bien surprise!
C'est sur cela qu'il faut m'écrire avec franchise,
Me circonstancier l'impression, l'effet,
Que sur elle, à vos yeux, la nouvelle aura fait.

CIDALISE.

Dorante, pourquoi tant vous inquiéter d'elle?

DORANTE.

La chose me paroît & simple & naturelle,
C'est un pur mouvement de curiosité.

CIDALISE.

C'est par d'autres que moi qu'il sera contenté,
Paris depuis longtems me déplaît & m'ennuye,
Je veux m'en éloigner le reste de ma vie.

DORANTE.

Vous ?

CIDALISE.

Oui.

DORANTE.

De ce parti je devine l'objet,
Le cœur plus que l'esprit a part à ce projet.

CIDALISE.

Coment donc, malgré moi vous ai-je fait entendre?...

DORANTE.

Mais oui, je sçai fort bien que vous aimez Clitandre.

CIDALISE.

C'est de mes sentimens être mal informé.

DORANTE.

Je suis sûr qu'il vous aime, & votre cœur charmé...

CIDALISE.

Monsieur, vous vous trompez très-fort, je vous l'assure.

DORANTE.

Mais vous aimez quelqu'un, & je le conjecture
Sur ce que vous avez senti quelque frayeur,
De m'avoir, malgré vous, découvert votre cœur.

CIDALISE.

Dorante, un tel secret ne vous toucheroit guere.

DORANTE.

Non ! je voudrois sçavoir quel homme peut vous plaire ?

CIDALISE.

Et vous, de quel objet allez vous être époux ?

DORANTE.

Je n'en sçais rien encor.

CIDALISE.

Ah, m'en répondez-vous ?

DORANTE.

Oui. Je veux seulement un parti convenable,
Une fille assez riche, & surtout raisonnable;
Qui ne soit point coquette, & puisse sans effroi
Vivre tranquillement dans ma terre avec moi.
En connoissez-vous une ?

CIDALISE.

Oui.

DORANTE.

Vous n'avez qu'à dire;
Sur votre caution, je suis prêt d'y souscrire.

CIDALISE.

Pour m'engager, Dorante, à parler franchement,
Vous devez m'en montrer l'exemple en ce moment;
Je demande un aveu, c'est de votre foiblesse.

DORANTE.

Quoi ?

CIDALISE.

Vous avez senti du goût pour la Comtesse,
Vous l'aimez même encore.

DORANTE.

Et quand je l'aimerois,

Ce seroit un penchant que je réprimerois ;
Jamais à la campagne elle ne voudroit vivre.

CIDALISE.

Mais enfin, supposé qu'elle voulût vous suivre ?

DORANTE.

En ce cas...Mais, Madame, elle y mourroit d'ennui.

CIDALISE.

Ah, vous l'aimez !

DORANTE.

Je vais l'oublier aujourd'hui

CIDALISE.

Tantôt c'est son portrait, non le mien....

DORANTE.

Ah, Madame !
Ne parlez point d'un trait qui me pénetre l'âme.
C'étoit une méprise alors ; oui, j'en conviens ;
Ce n'en seroit pas une à présent.

CIDALISE.

Le moyen
De compter détacher un cœur tel que le vôtre.

DORANTE.

Madame, si l'hymen nous lioit l'un à l'autre ;
Sans sentir, il est vrai, cet amour effréné,
Mon estime pour vous me rendroit fortuné.
Hélas ! que n'êtes-vous cette beauté prudente
Dont vous parliez tantôt !

CIDALISE.

Si c'étoit moi, Dorante ?

DORANTE.

Ah ! si vous consentiez à me donner la main ?

CIDALISE.

Si j'y consens ?. . . . .

DORANTE.

Il faut nous marier demain.
La Comtesse, en sçachant que vous serez ma femme,
En aura, j'en suis sûr, le désespoir dans l'âme.

CIDALISE.

La Comtesse toujours occupe votre esprit.

DORANTE.

Je me fais un plaisir secret de son dépit.

CIDALISE.

Moi, je crois qu'il faudroit cacher ce mariage,
Et ne le déclarer qu'après notre voyage.

DORANTE.

Eh bien, vous le voulez ? je promets le secret.

SCENE III.

DAMIS, *qui écoutoit, se montre.* CIDALISE. DORANTE.

DAMIS.

IL sera bien gardé ; car je suis très-discret,
Et j'ai tout entendu.

CIDALISE.

Qu'avons-nous fait, Dorante ?

DAMIS.

Vous ne trouverez pas mauvais que j'en plaisante ;
La Comtesse surtout n'en rira pas trop mal.
C'est prendre aussi trop tôt le ton provincial,
Que de se marier dès le premier quart d'heure ;
Un pareil ridicule est très-grand, & demeure.

CIDALISE.

Monsieur, on vous permet d'en répandre le bruit ;
De cet heureux hazard retirez tout le fruit ;
Tâchez de nous donner un ridicule extrême,
Je vais dans tout Paris le publier moi-même.

DORANTE.

Il n'en parlera pas tout du moins au palais.

CIDALISE.

Eh par quelle raison ?

DORANTE.

C'est qu'il n'y va jamais.

DAMIS.

Il veut me plaisanter, je crois.

DORANTE.

Oh, je n'ai garde ;
Vous avez trop d'esprit pour que je m'y hazarde.
Nous, Madame, sortons pour avancer l'instant
Qui doit me procurer un bonheur si constant.

SCENE

SCENE IV.

DAMIS, *seul.*

AH, j'en rirai long-tems, la chose est trop comique,
Pour ces histoires-là, je suis un homme unique !
Mais en rire tout seul n'est rire qu'à demi.
Pour moi je ne connois le besoin d'un Ami,
Que pour s'entretenir des sottises du monde,
C'est toujours sur ce point que l'amitié se fonde.
Lisette ?...

SCENE V.

LISETTE: DAMIS.

LISETTE.

EH bien ?

DAMIS.

Est-elle à son appartement ?

LISETTE.

Oui, de mauvaise humeur,

DAMIS.

J'y vais dans le moment.

M

LISETTE.

Vous prendriez, Monsieur, une inutile peine.
Elle rentre, elle sort, s'arrête & se promene ;
Son esprit inquiet peut la conduire ici.

SCENE VI.

DAMIS. LA COMTESSE, LISETTE.

DAMIS.

JE la vois ; son chagrin va bien être adouci.
Comtesse, malgré vous je vais vous faire rire :
L'avanture est unique, & je viens vous la dire.

LA COMTESSE.

Eh bien quel est ce fait si rare & si plaisant ?

DAMIS.

C'est vraiment un récit tout au plus amusant ;
D'un évenement.... mais vous le sçavez peut-être ?
Ce n'est point aux dépens de quelque Petit-Maître,
Qu'on va vous faire rire ; oh vraiment nos Acteurs
Sont gens graves, sensés. J'aime à voir ces Docteurs
Faire quelque sottise avec un air capable.

LA COMTESSE.

Mais quel est donc ce fait ?

DAMIS.

Le fait est incroyable,
Dorante, ha, ha....

LA COMTESSE.

Comment ?

DAMIS.

Ah, j'en mourrai, je croi,
Et quand vous le sçaurez vous rirez comme moi;
Dorante va passer sa vie à la campagne.
Et ce pauvre homme....

LA COMTESSE.

Eh bien?

DAMIS.

Emmeine une compagne;

LA COMTESSE.

Une compagne! & qui ?

DAMIS.

Son choix est merveilleux;
Et Cidalise en est l'objet très-sérieux.
Je viens, dans cet instant, de les trouver ensemble,
Demain, il est très-sûr que l'Hymen les assemble,
Et qu'après pour toujours ils sortent de Paris.
L'avanture est plaisante au moins ?.. Votre air surpris,
M'annonce tous les traits d'une fine satyre,
Oh, j'étois bien certain que je vous ferois rire:
Je vais faire venir des instrumens chez vous,

Et nous irons tous deux chez ces nouveaux époux,
Faire jouer gayement un petit air de noce,
Lorsqu'ils seront tout prêts de monter en carosse.

Il sort.

SCENE VII.

LA COMTESSE, LISETTE.

LISETTE.

MAdame, vous avez bien contenu vos ris,
Et ...

LA COMTESSE.

Parlez-moi Lisette, où donc avez vous pris,
Tantôt que ce portrait étoit une méprise?
Qu'on m'avoit voulu peindre au lieu de Cidalise?

LISETTE.

Je m'en croyois certaine.

LA COMTESSE.

Et sur quoi, s'il vous plaît?

LISETTE.

Mais, cela devoit être. On ne sçait ce que c'est
Que ces gens sérieux? ah! j'en suis si choquée;
Et, Madame, je crois, en est aussi piquée?

LA COMTESSE.

Tout ce qui me fait peine en cette affaire-ci,
C'est de voir que Dorante est un perfide ami;

Car enfin, il ne peut ignorer que Clitandre
Aime fort Cidalise, & ne doit pas s'attendre
A trouver un rival en lui : mais le voilà ;
Sçachons s'il est instruit de cette histoire-là.

SCENE VIII.

CLITANDRE. LA COMTESSE. LISETTE.

CLITANDRE.

Madame, auprès de vous j'ai crû trouver Dorante ;
Je me vois sur le point de remplir son attente ;
De tous ses embarras je vais le dégager,
Et j'aurai le plaisir enfin de l'obliger.
J'ai trouvé par bonheur la somme qu'on demande ;
Je ne sentis jamais une joie aussi grande.
Vous représentez-vous mon bonheur tout entier ?
Des services qu'on rend on jouit le premier.

LA COMTESSE.

Que vous êtes, Clitandre, un ami respectable ;
Je doute que le siécle en fournisse un semblable.
Dorante, vous sçavez, se marie aujourd'hui ;
Il vous en a fait part sans doute ?

CLITANDRE.

Dorante ?

LA COMTESSE.

Oui,

Cidalise l'épouse & la chose est publique.

CLITANDRE.

Cidalise ?

LA COMTESSE.

On conçoit que ce trait-là vous pique.

CLITANDRE.

Piqué ? Dorante & moi nous sommes trop amis
Pour vouloir nous brouiller jamais à pareil prix ;
L'amitié ne prend point garde à la minutie ;
Je crois même qu'il faut que je le remercie.

LA COMTESSE.

Le remercier ?

CLITANDRE.

Oui.

LA COMTESSE.

Mais vous n'y pensez pas.

CLITANDRE.

Ce mariage-là me tire d'embarras ;
Car en un mot, j'avois du goût pour Cidalise,
Qui sans doute de moi n'étoit pas fort éprise :
Malgré cela, peut-être, elle eût pû m'épouser,
Et nous aurions fini par nous tyraniser ;
Dorante cependant me sauve cette peine,
Je dois lui rendre grace ; oui, la chose est certaine ;
Je vais moins le chercher pour vanter mon bienfait,
Que pour me réjouir du plaisir qu'il m'a fait.

SCENE IX.

LA COMTESSE. LISETTE.

LISETTE.

SUr Clitandre, à présent vous voilà sans scrupule.

LA COMTESSE.

Lizette, laissez-moi, vous êtes ridicule,
Et vous prenez plaisir à m'impatienter.

LISETTE.

Mais....

LA COMTESSE.

Oui, vous vous plaisez à me persécuter.

LISETTE.

Convenez franchement que vous êtes touchée
De voir....

LA COMTESSE.

Où prenez-vous, moi que je suis fâchée?
Mon esprit n'est-il pas dans sa tranquilité?

LISETTE.

Tranquille; sans langueur.

LA COMTESSE.

Lisette, en vérité
Vous me poussez à bout, & je suis trop facile
Sortez.

LISETTE.

Oui, je vous laisse en cet état tranquile.

LA COMTESSE.

Ah ! si je m'en croyois... Lisette, écoutez-moi ;
Allez chercher Dorante.

LISETTE.

Et dirai-je pourquoi ?

LA COMTESSE.

Dites-lui seulement que je l'attends, qu'il vienne :
Mais faut-il votre aveu pour que je l'entretienne ?
Suivez mes volontez, & ne répliquez pas.

SCENE X.

LA COMTESSE, *seule*.

JE crains de pénétrer, d'où vient mon embarras ;
O ciel ! se pourroit-il que j'aimasse Dorante ?
Moi qui plaçois ma gloire à vivre indépendante ;
Il ne sçait pas encor ce que j'ai fait pour lui.
A-t-il eu près de moi l'amour pour son appui ?
Non, non, c'est l'amitié que j'avois seule en vûe.
L'amitié ? Mais hélas ! m'étoit-elle connue ?
Une Coquette (il faut l'avoüer sans détour)
Ne connoît l'amitié qu'en connoissant l'amour.
Il vient, cachons-lui bien le trouble de mon ame.

SCENE

SCENE XI.

DORANTE, LA COMTESSE.

DORANTE.

ON dit que vous voulez m'entretenir, Madame?

LA COMTESSE.

Oui, Monsieur. Je voulois sçavoir en ce moment,
Ce que vous avez fait pour votre Régiment.

DORANTE.

Moi? je n'y pense plus.

LA COMTESSE.

Votre raison s'oublie;
Mais vous vous mariez, à ce que l'on publie?
Vous pouviez, ce me semble attendre un peu plus tard.

DORANTE.

Madame, je venois pour vous en faire part.

LA COMTESSE, *à part.*

Ah! juste Ciel! il m'ose avoüer sa foiblesse.

DORANTE.

L'affaire est convenable & n'a rien qui vous blesse.

LA COMTESSE.

Oh, non certainement, Monsieur, & votre choix
Est si beau! si sensé! que j'y donne ma voix.

DORANTE.

Eh bien, je suis flatté d'avoir votre suffrage,
Je craignois de vous voir blâmer ce mariage.

LA COMTESSE.

Moi, Monsieur ? Cidalise a l'esprit si bien fait!

DORANTE.

Sçavez-vous bien ? qu'elle est estimable en effet.

LA COMTESSE.

Sa sagesse est surtout si douce, si traitable.

DORANTE.

Quand on la connoît bien elle est vraiment aimable.

LA COMTESSE.

Il faut, en vérité, qu'il ait perdu l'esprit.

DORANTE.

Que dites-vous ?

LA COMTESSE.

Comment lui cacher mon dépit ?

DORANTE.

Vous la verrez souvent, c'est votre intime amie.

LA COMTESSE, *à part.*

Sans doute ; ah ! c'est trop loin pousser la raillerie.

DORANTE.

Son esprit, j'en conviens, n'est pas des plus brillans ;
Elle n'est pas fertile en traits vifs & saillans,
Mais un mari n'a pas grand besoin que sa femme,
Se distingue dans l'art de dire une épigramme.

Dès que l'on a pour but le lien conjugal,
Je crois que la raison est le point capital;
Car on est malheureux de prendre une Coquette,
Dont l'esprit n'est jamais qu'un meuble de toilette,
Qui quand vous lui parlez répond à son miroir,
Dont la derniere mode est l'unique sçavoir.
Le mari le plus doux & le plus raisonnable,
Est toujours à ses yeux un homme insoutenable,
Qui n'a dans sa maison d'autre charge en effet,
Que d'approuver tout haut ce qu'il blâme en secret.

LA COMTESSE.

Oui, sans doute avec elle un époux est à plaindre;
Mais je crois cependant qu'on doit encor plus craindre,
Ces femmes dont l'esprit plein de fiel & d'aigreur,
S'enveloppe toujours des voiles de l'humeur,
Qui ne veulent d'Amis que pour pouvoir médire,
Neprennent un mari qu'afin de contredire,
Pensent que le tribut qu'on doit à la raison,
Consiste seulement à prononcer son nom,
Qui prétendent borner le don de la sagesse,
Moins à la pratiquer qu'à voir ce qui la blesse,
Et qui voyant le mal sans s'attacher au bien,
Croyent que la vertu n'est que dans le maintien.

DORANTE.

Entre tous ces dangers il est vrai qu'on balance,
On nose à l'un des deux donner la préférence,

Sans doute ces excès sont tout-à-fait fâcheux ;
Mais la Coquetterie est plus fausse à mes yeux.

LA COMTESSE.

Lorsqu'une femme est née avec ce caractére,
Quand la Coquetterie est son unique affaire,
Son orgueil lui tient lieu d'un ami, d'un amant,
Elle doit avec soin fuir tout engagement,
Même à le publier sa probité l'oblige.

DORANTE.

Je suis de votre avis, la bonne foi l'exige.
Vous en avez donné l'exemple à mon égard.

LA COMTESSE.

Qui, moi, Monsieur.

DORANTE.

Sans doute, & c'est un grand hazard
Que mon courage ait pû prendre assez sur moi-même
Pour étouffer un feu.....

LA COMTESSE.

Ma surprise est extrême,
Qui vous?....?

DORANTE.

Oui, j'ai vû l'heure où j'allois m'embarquer,
Si je n'eusse senti que c'étoit trop risquer.
Que vous m'eussiez raillé pendant toute ma vie,
En honneur j'étois prêt d'aimer à la folie.

LA COMTESSE.

Moi vous railler?

DORANTE.

Allons avouez franchement

Que c'eût été pour vous un grand amusement.
Je ne vous blâme point, vous êtes trop heureuse,
De pouvoir conserver cette paix précieuse,
De lancer tous les traits de l'amour contre nous,
Sans craindre qu'aucun d'eux s'ose adresser à vous.

LA COMTESSE.

Comment cacher mon trouble?

DORANTE.

Oui, votre ame contente,

Parmi tous ces captifs demeure indépendante.
D'un coup d'œil attirant vous produisez l'espoir,
Vous caressez l'amour en bravant son pouvoir.

LA COMTESSE, *à part.*

Ah! je croi qu'il insulte au trouble de mon ame!

DORANTE.

Vous riez en secret, convenez-en, Madame,
Des transports, de plaisir que présente à mon cœur
Un hymen dont l'amour entretiendra l'ardeur.
Vous ne concevez pas & le charme & l'yvresse
De deux époux qu'anime une égale tendresse,
Dont les cœurs confondus sans fard & sans détour,
Voyent comme étranger ce qui n'est point amour.
Mais quel trouble soudain change votre visage?
C'est peut-être l'ennui d'un si fade langage?
Je brise un entretien pour vous si peu flatteur,
Excusez un Amant trop plein de son bonheur.

LA COMTESSE.

Monſieur, je vous l'avouë, un tel diſcours m'excéde,
Je mépriſe beaucoup l'amour qui vous poſſéde,
Et vous défends ſurtout de revenir ici.

DORANTE.

Ciel ! qu'entens-je ; qui moi, votre meilleur ami ?

LA COMTESSE.

Ah, mon ami, Monſieur, eſt celui qui m'amuſe.

DORANTE.

Lorſque l'on penſe ainſi jamais on ne s'abuſe ;
Moi qui ſuis ſérieux, je pars ſans nul eſpoir
De devenir un jour digne de vous revoir.

Il s'éloigne.

LA COMTESSE.

Quoi ! faut-il à ce point que ſon départ m'afflige !
Dorante ?

DORANTE.

Je vous quitte.

LA COMTESSE.

Ah, revenez, vous dis-je.

DORANTE.

J'obéis.

LA COMTESSE.

Sçavez-vous que vous perdez l'eſprit.

DORANTE.

Sur quoi le jugez-vous ?

LA COMTESSE.

Monſieur, ſans contredit.

Ce mariage-là vous perdra dans le monde ;
Et que prétendez-vous enfin que je réponde
A tous ceux qui viendront vous couvrir de brocard ?
Que dirai-je ?

DORANTE.

Il faudra m'en donner votre part.

LA COMTESSE.

Voilà mon Philosophe & sa belle prudence.
Si de ce beau projet j'avois eu connoissance,
J'avois pour vous en vûë un parti vraiment bon.

DORANTE.

Mais je prends celui-ci par inclination.

LA COMTESSE.

Oh, cela me confond.

DORANTE.

Vous en êtes surprise ?

LA COMTESSE.

Par inclination, épouser Cidalise !
Le parti que j'avois vous auroit fait honneur.

DORANTE.

Celui-ci fera mieux, il fera mon bonheur.
D'ailleurs de votre choix je craindrois qu'une femme
Ne recherchât le monde autant que vous, Madame,
Et j'ai pour ce goût-là beaucoup d'éloignement ;
Car puisqu'il faut ici vous parler franchement,
Je ne veux point avoir une maison bruyante,

Où Paris en détail s'amene & se présente,
Où l'on trouve Officiers, Magistrats, beaux Esprits,
Toute espéce en un mot, excepté des amis;
Une maison enfin, où loin de s'en voir maître,
Le mari subjugué n'a pas droit de paroître,
Et sans cesse entend dire avec un ris moqueur,
Que l'on va chez Madame, & jamais chez Monsieur.
Oui, sans doute à présent par un abus extrême,
Un époux est un être étranger chez lui-même,
Si le soir par hazard lorsqu'il vient de rentrer,
Chez sa femme un moment il ose se montrer,
On demande tout bas quel homme ce peut être;
S'il se trouve quelqu'un qui le fasse connoître,
On se léve, & Madame avec un air transi,
Dit: Ne vous levez pas, Messieurs, c'est mon mari,
Il s'en ira bientôt, car jamais il ne soupe.
Alors le sérieux gagne toute la troupe;
Tous d'un ennui marqué semblent enveloppés;
Le silence est rompu par quelques mots coupés.
L'homme qui voit le froid que sa présence inspire,
Et qui juge aisément qu'on veut qu'il se retire,
S'esquive, ouvre la porte en déplorant son sort,
Et l'on voit la gaïeté qui rentre quand il sort.
Madame, je craindrois de mener cette vie,
Si j'osois quelque jour épouser votre amie.

LA COMTESSE.

Mais avec mon mari vivois-je donc ainsi?

DORANTE.

DORANTE.

Mais, à peu-près, & même il s'en plaignoit aussi.

LA COMTESSE.

Qui moi; je l'ai jamais réduit à cette épreuve?

DORANTE.

Mais je sçais lui vivant, que l'on vous a crû veuve,
Je ne veux pas du moins attaquer votre honneur,
Votre coquetterie a sauvé votre cœur;
Mais vous avez toujours donné de l'esperance.
Certain Marquis, dit-on, séduit par l'apparence,
Mais ennuyé pourtant de n'être pas heureux,
Vous proposa l'hymen pour couronner ses feux.
Votre réponse fut un grand éclat de rire;
Après quoi, gravement, vous daignâtes lui dire:
Cette offre-là, Monsieur, me conviendroit très-fort,
Mais, du moins, attendez que mon mari soit mort.

SCENE XII.

CIDALISE. LA COMTESSE. DORANTE.

CIDALISE.

Dorante, on n'attend plus que vous chez le Notaire:
La Comtesse, sans doute, approuve cette affaire;
Son amitié pour moi partage mon bonheur.

LA COMTESSE.

Partager, c'est beaucoup, mais au fond de mon cœur,
Je ressens vivement votre amour l'un pour l'autre.

SCENE XIII.

CLITANDRE, LA COMTESSE, CIDALISE, DORANTE.

CLITANDRE.

Mon ami, nul bonheur n'est comparable au vôtre;
Je vous cherchois par tout avec empressement;

DORANTE.

Quoi?

CLITANDRE.

Voilà le brevet de votre Régiment.

DORANTE.

Hélas! de mon chagrin il ranime l'atteinte;
Mon argent n'est pas prêt.

CLITANDRE.

N'ayez aucune crainte,
Vous avez des amis, l'argent est délivré,
Et tout dans ce beau jour va selon votre gré.

LA COMTESSE.

Sans doute vous devez ce bienfait à Clitandre?

DORANTE.

Ah, mon ami, que j'ai de graces à vous rendre !

CLITANDRE.

Dorante, à ce bonheur un autre eſt parvenu,
Je m'y ſuis pris trop tard, on m'avoit prévenu.

DORANTE.

Et pourquoi tarde-t-il à ſe faire connoître ?
Mais (*à Cidaliſe.*) Madame, c'eſt vous ? quel autre pourroit-ce être ?
Penſiez-vous, pour pouvoir aſſûrer mon bonheur,
Qu'il ne ſuffiſoit pas du don de votre cœur ?

SCENE XIV.

DAMIS, *& les Précédens.*

DAMIS.

Je reviens tout exprès vous propoſer Dorante,
Un marché merveilleux que le hazard préſente ;
Peut-être vous voulez donner des diamans
A Madame (*Montrant Cidaliſe.*) & j'en ſçais qui ſont au plus brillans ;
Sans doute ce ſont ceux d'une vieille coquette,
Qui voudroit bien donner dans un air de retraite
Et qui ſe conduiſant par un ſyſtême faux,
A vendu ſes bijoux, & garde ſes défauts.

LA COMTESSE.

Et qui vous a chargé du soin de les revendre ?

DAMIS.

Assûrément la chose est facile à comprendre.
On sçait bien que je suis répandu dans Paris ;
Si de la moindre chose on veut avoir le prix,
J'ai du goût ; c'est à moi sur le champ qu'on s'adresse.
Vous allez voir qu'ils sont rares dans leur espece.

DORANTE.

Quoi, vous les avez ?

DAMIS.

Oui.

CIDALISE.

Tant mieux, nous les verrons.

DAMIS.

Tenez, voici l'écrain.

DORANTE.

Sans balancer, ouvrons.
Me trompai-je ! ce sont vos diamans, Madame ?

LA COMTESSE.

Monsieur, je ne crois pas qu'un autre les réclame.

DORANTE.

Vendre vos diamans, vous, Madame ; eh, pourquoi ?

LA COMTESSE.

Je ne m'en repens pas.

CIDALISE.

Ah, j'en sçais bien l'emploi.

Un procédé si noble, & me touche, & m'enchante;
C'est vous qui par ce trait avez servi Dorante.

DORANTE.

Madame, il seroit vrai?....

LA COMTESSE.

Dans cette occasion,
J'ai de mon amitié suivi l'impression.

CIDALISE.

Dorante, vous devez payer un tel service,
Je connois votre cœur & je me rends justice;
Vous aimez la Comtesse. En agissant ainsi
Elle vient de prouver qu'elle vous aime aussi.
Je reprens ma parole, & je vous rends la vôtre.
Soyez heureux, contens, liez-vous l'un à l'autre,
Et puisque votre cœur n'est pas fait pour m'aimer,
Je veux que tout au moins vous puissiez m'estimer.

Elle sort.

SCENE XV. & DERNIERE.

LA COMTESSE, DORANTE, CLITANDRE, DAMIS.

CLITANDRE.

CE compliment n'est pas trop flatteur pour ma flâme.

DORANTE.

Le tems & votre amour rameneront son ame,
Soyez tranquile. Et vous puis-je croire en effet,
Qu'aujourd'hui votre esprit soit changé tout-à-fait,
Madame?...

LA COMTESSE.

Oui, trop livrée à cet esprit volage,
Des sages & des sots confondant le suffrage,
Mon amour-propre seul pour un instant lié,
Méconnoissoit l'amour, l'estime & l'amitié,
Et cet aveugle orgueil, avide de louange,
De ceux qui la donnoient, oublioit le mélange;
Un sentiment plus pur, plus tendre & plus heureux,
En éclairant mon cœur, l'a rendu vertueux.

DORANTE.

Au seul nom de l'hymen vous n'êtes pas atteinte,
D'un mouvement secret de tristesse & de crainte?

LA COMTESSE.

Ah! si vous le croyez vous me connoissez mal.
Je conçois que l'Hymen peut être un nœud fatal;
Mais lui seul fait aussi le bonheur de la vie,
Quand par la probité sa chaîne est affermie.
Quand deux cœurs enchantés se préviennent tous deux,
Sçavent se respecter, s'aimer, combler leurs vœux,
D'unir leurs volontés font leur étude unique,
Ils s'acquierent un droit à l'estime publique,

Ils sçavent l'augmenter par leur félicité,
Plus leur bonheur est grand plus il est respecté,
Enfin, tout ce qui rend deux amans condamnables,
Rend aux yeux du public deux époux estimables,
Quel plaisir pour un cœur sensible au sentiment!
L'hymen n'est que le droit d'avouer son Amant;
C'est en vain sous ces traits qu'on veut le méconnoître,
Il unit deux amis sans établir un maître,
Et de leur sentiment le mutuel retour,
Doit prouver que l'estime est l'âme de l'Amour.

DORANTE.

Ah! qu'en pensant ainsi vous flattez ma tendresse,

DAMIS.

D'un pareil changement je suis charmé, Comtesse,
Décider votre cœur m'auroit rendu content,
Mais j'aime autant l'honneur d'en faire un inconstant,
J'étois persuadé que je devois vous plaire
Voici votre portrait qu'en secret j'ai fait faire,
Je vais vous le remettre; ah! qu'il me seroit doux
De pouvoir quelque jour le recevoir de vous.

LA COMTESSE, *à Dorante.*

C'est à vous rendre heureux que je mettrai ma gloire,
Et par un changement, qu'on aura peine à croire,

Je veux que désormais le monde soit instruit,
Que souvent c'est le cœur qui rameine l'esprit.

Fin de la Comedie.

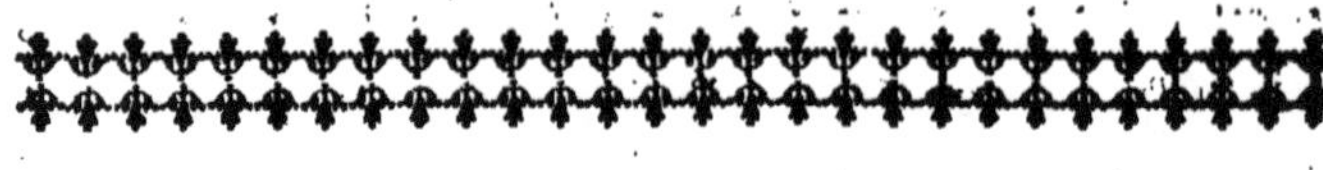

DIVERTISSEMENT.

AIR:

RAssemblez-vous ; tendres Amans,
Le Soleil est rentré dans l'onde,
Employez ces heureux momens,
Ne craignez rien, tout vous seconde.

L'obscurité ferme les yeux
Des jaloux qui vous font la guerre ;
Dès que la nuit couvre les Cieux
L'Amour est maître de la terre.

FIN.

J'Ai lû par Ordre de Monseigneur le Chancelier, une Comédie qui a pour titre : *La Coquette fixée*. Et je crois que l'on peut en permettre l'impression. Ce 30 Mars 1746.

CRÉBILLON.

CATALOGUE
DES PIECES DE THEATRE qui se trouvent chez le même Libraire.

Comédies.

PAMELA en France, ou la Vertu mieux éprouvée, en trois Actes.

La Fête d'Auteuil, ou la Fausse Méprise, en trois Actes.

Le Sage Etourdi, en trois Actes.

La Folie du jour, en un Acte.

Le Médecin par occasion, en cinq Actes.

Le Plagiaire, en trois Actes.

La Famille, en un Acte.

Les Acteurs déplacés, en un Acte.

ALzaïde, *Tragédie.*

LE Fleuve Scamandre,
Les Effets du Hazard,
La Nymphe des Thuilleries,
L'Amour imprévû.
} *Operas-Comiques.*

www.ingramcontent.com/pod-product-compliance
Ingram Content Group UK Ltd.
Pitfield, Milton Keynes, MK11 3LW, UK
UKHW020924180726
13838UKWH00002B/733